하나님 나라 백성의 소명이야기

성경여행

아내 정부선 전도사에게 감사하며

도서출판사 TOBIA

TBM성경지리공부시리즈

하나님 나라 백성의 소명이야기

성경여행

1판 1쇄: 2017년 11월 30일

저자: 강신덕
감수: 김진산
편집/디자인: 오인표
홍보/마케팅: 김일권
펴낸이: 오세동
펴낸곳: 도서출판 토비아
등록: 426-93-00242
주소: 04041) 서울특별시 마포구 와우산로 73(홍익빌딩 4층)
　　　 T 02-738-2082 F 02-738-2083

ISBN: 979-11-961053-1-0

TBM성경지리공부시리즈

하나님 나라 백성의 소명이야기

성경여행

강신덕 지음

도서출판사 TOBIA

글머리에서

성경을 보다 폭넓게 읽어 보려 한다는 친구의 이야기가 자극이 되었다. 오랫동안 교회생활을 했으나 성경이 무엇을 이야기하는지에 대해서 도무지 알지 못하겠다고 투덜거리던 친구다. 그 친구에게 읽힐만한 성경 보조교재를 만들기로 결심한 것이다.

가능한 교리적인 색채를 빼보았다. 그리고 성경이 말하는 이야기들 즉, 하나님의 사람들의 이야기를 중심으로 전체 파노라마를 짜보았다. 성경의 주요한 인물들과 사람들을 그들이 살았던 시대 역사와 지리에 맞춰 펼쳐 보았다. 거기에는 아브라함과 이스라엘 백성들, 그들의 나라들, 그들이 멸망한 이야기들이 들어온다. 물론 예수님도 여기에 포함된다. 새로운 하나님의 사람들을 부르시고 세우신 분으로서 말이다. 그리고 나서 초대교회와 사도들의 이야기까지 다루어보았다. 그렇게 맞추어보니 총 여덟 개의 이야기가 만들어졌다. 하나님께서 당신의 뜻을 이 땅 가운데 실현하기 위해 부르신 '하나님의 사람들'의 이야기다.

이 책에 등장하는 하나님의 사람들은 별스런 영웅들이 아니다. 그래서 하나님의 사람들의 이야기는 오늘 우리들에게서도 계속된다. 우리 역시 아브라함과 같이, 모세와 같이, 다윗이나 솔로몬과 같이, 혹은 선지자들이나 사도들처럼 하나님의 부르심을 받고 역사적 상황의 한 복판에 서 있다. 우리가 서 있는 실존의 무게감은 아브라함의 그것과 다르지 않다는 것이 이 책의 생각이다. 그래서 우리가 하나님의 사람으로서 경험하는 사명의 어려움은 모세나 다윗, 혹은 엘리야의 그것과 크게 다르지 않다. 그들도 우리처럼 부르심 받은 '사람들'이었고 우리도 그들처럼 부르심 받아 한평생을 살아가는 '하나님의 사람들'이다.

그래서 이 책을 먼 나라 이야기로 보지 않았으면 한다. 일단 이 책은 교리적인 먼 나라 이야기가 아니다. 어렵고 복잡한 교리적 설명이 없다는 말이다. 무엇보다 이 책은 신화적인, 역사적인 영웅들의 이야기책이 아니다. 이 책은 말하자면 교리가 없던 시절, 철학적 신앙언어가 덜 다듬어졌던 시절, 하나님의 사람들이 각자의 삶에서 어렵사리 겪었던 소명의 이야기들을 다루고 있다. 그들 역시 고민이 있었고 그들 역시 유혹받았으며, 그들 역시 의심 가득했더랬다. 그들 역시 힘들어했고 그들 역시 지쳐 허덕거렸다. 그러나 그들은 계속해서 주어진 길, 사명의 길을 갔다. 중요한 것은 바로 그것이다. 계속해서 꾸준히 가는 것이다. 성경이 말하는 하나님나라 백성들의 공통점은 꾸준히 그 길을 갔다는 것이리라. 꾸준함에서는 사실 하나님도 한몫 단단히 하셨다. 인간 사역자들의 온갖 실패에도 하나님께서는 당신 특유의 열심으로 하나님나라의 위대한 비전을 이루어가셨다.

앞서 언급한 바와 같이 성경을 한 눈에 읽되 깊이 있고 풍성하며 의미 있게 읽기를 원하는 이들에게 이 책을 권하고 싶다. 특히 오랜 교회생활에도 성경에 관하여 갈피를 잡을 수 없다면 이 책을 권하고 싶다. 오랜 신앙생활에도 자신의 삶과 신앙 그리고 교회 생활을 이을 수 없다는 절망감을 경험하는 성도들에게 이 책을 권하고 싶다. 이 책에 등장하는 아브라함을 비롯한 많은 신앙의 선진들도 그랬었다는 것을 보여주고 싶은 것이다.

인생 첫 책이 나오기까지는 여러분들의 기도와 격려가 있었다. 터치바이블선교회의 김진산 목사님과 김일권 전도사님 그리고 샬롬교회의 성도여러분은 이 책이 나오게 된 가장 귀중한 동반자들이었다. 터치바이블선교회와 샬롬교회는 내가 캐나다에서 공부하면서 얻은 오랫동안의 신학적 주제인 '하나님의 백성들'을 실제 사역의 장으로 끄집어 내 준 공동체이다. 거리낌 없이 언제든 신학적 대화를 나누어 주신 이효재 목사님에게도 감사드린다. 이효재 목사님은 캐나다 유학시절부터 오랫동안 다양한 신학적 주제들과 사역 주제들을 가지고 대화할 수 있는 거의 유일한 파트너였다. 무엇보다 인생의 동역자 유윤종 형에게도 감사드린다. 내가 여기 터치바이블에서 책을 쓰게 된 모든 여정은 이 분의 인생 안내로 가능한 것이었다. 아내 정부선 전도사와 어머니 박정순 권사님 그리고 형제들과 가족들은 무엇보다 든든한 근간이었다. 이 분들이 아니었다면 나는 지금 어느 시궁창에 처박혀 있을지 모른다. 무엇보다 이 책의 디자인을 위해 밤늦게까지 수고해 준 후배 오인표 전도사에게 깊이 감사한다. 이 친구는 내 사역 인생의 진정한 동반자다.

2017년 11월
송대 토비아에서

감수의 글

김진산 박사
터치바이블선교회
말씀아카데미원장

성서를 읽는 것은 단순한 서사 이야기를 읽는 것과 다른 것이다. 일반 서사 이야기들이 영웅들이 길을 떠나고 고난과 역경 가운데 큰 힘을 얻게 되어 결과적으로 악을 물리치고 세상에 평화를 가져온다는 대략의 구조를 갖고 있다는 면에서 성서의 서사도 별반 다를 바는 없다. 그런데 성서는 일반 신화와 설화의 서사와는 전혀 다른 이야기 소재를 갖고 있다. 성서 속 인물들은 평범하기가 짝이 없는 사람들이라는 것이다. 그들 가운데 일부는 매우 영웅적일지도 모르겠다. 그러나 성서는 그들을 영웅으로 그리지 않는다. 그들은 하나님께 지음 받은 다른 인간들과 동일한 평범한 사람들일 뿐이다. 설사 그들이 이전에는 인간적인 위대함을 갖고 있었을지라도 실제 하나님의 사람으로서 신앙의 서사를 만들어갈 때 그들은 평범한 인간일 뿐이다. 모세가 그랬고 다윗이 그랬으며 예수님도 바울도 그랬다. 하나님께서는 그런 평범한 사람들을 하나님의 사람으로 부르신다. 그리고 세상을 하나님의 구원으로 세상을 하나님의 나라로 인도하는 일에 참여하도록 하신다. 이것이 바로 성서가 말하는 신앙의 서사이다.

강신덕 목사의 책 '성경여행'은 이런 기본적인 생각을 갖고 있다. 평범한 한 인간에 불과한 사람들이 하나님의 부름을 받고 역사의 현장에 서고 그 가운데서 세상 역사에 역행하면서까지 하나님의 일을 이루고 실현하는 과정을 여덟 개의 파노라마로 담은 것이다. 이 책은 우선 구약의 아브라함이, 모세와 이스라엘 백성들이, 그리고 왕정시대 사람들이 어떻게 하나님의 뜻을 실현하기 위해 헌신했는지를 차분히 다루고 있다. 신약도 마찬가지이다. 인간으로 오신 예수님과 그 제자들과 사도들이 어떻게 하나님의 뜻을 당대 헬라-로마 사회에서 실현했는지를 잘 보여주고 있다.

이 책은 기본적으로 하나님의 백성들의 성서이야기로 출발해서 당대의 역사 정황을 다루고 그리고 다시 성서로 돌아와 그 성서의 각 사건들을 지리적으로 배열한다. 따라서 이 책을 손에 쥔다는 것은 성서와 성서의 시대 역사적 배경들 그리고 그것들이 펼쳐진 지리적 무대들을 한꺼번에 공부하게 됨을 의미한다. 개인적인 독서는 물로 교회의 성경공부나 신앙 강좌 등에서 이 책을 활용할 것을 적극 권한다. 이 책은 기존의 성경공부를 훨씬 뛰어넘는 풍성함으로 우리 각자의 신앙 지성을 일깨울 것이다.

Contents

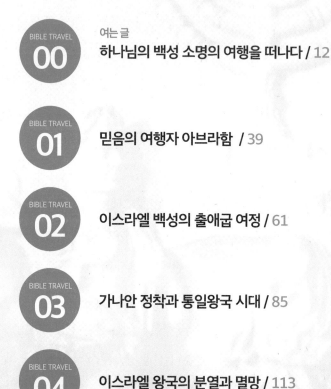

하나님의 백성
소명의 여행을 떠나다

야곱과 라반이 헤어질 때 둘은 돌 하나를 세웠다. 그리고 그 자리를 '미스바(mizpah, 망대)'라고 불렀다. 그리고 "우리가 서로 떠나 있을 때에 여호와께서 나와 너 사이를 살피시옵소서."라고 말했다(창 31:49). 하란에서 같이 사는 날 동안 서로 무수히 속고 속이고 했던 덕분에 두 사람은 서로에 대해 신뢰가 별로 없었던 모양이다. 라반은 야곱이 야반도주하면서 자기가 귀하게 여기는 작은 신상(드라빔, Teraphim)을 가져갔다고 생각했다. 그리고 야곱의 뒤를 쫓아와 온 가족의 짐을 다 뒤졌다. 야곱은 "나와 우리 가족의 짐에서 그것이 나오기라도 하면 그를 죽이리라"고 불편한

듯 선언했다. 자기가 가장 사랑하는 아내 라헬이 그리한 줄도 모르고 말이다. 다행히 라반은 그 신상을 찾지 못했다. 그리고 야곱에게 의구심 가득한 눈길을 보내며 미스바라는 말을 했다. 하나님께서 그와 야곱 사이에 켜켜이 쌓인 오해를 돌아보시고 둘 사이에 더 이상 오해로 인한 반목이 발생하지 않기를 바란 것이다.

오늘 성경을 읽고 공부하는 일에도 라반의 '미스바'가 필요하다. 현대 기독교인들은 성경을 읽는 가운데 무수히 빗나가고 엇나가는 경험을 한다. 리쾨르(Paul Ricoer)가 말한 것처럼 '시간이 오래된 만큼 벌어진 해석의 차이' 때문일 것이다. 목회자나 신학자들조차도 이 잘못된 이해의 행진을 피할 수는 없다. 하나님의 말씀에 대한 오해가 진정 사라지는 날은 아마도 주님 오신 날 우리가 우리 주님을 서로 마주 대하는 날일 것이다.

성경을 읽어 내려가면서 오해를 피하는 한 가지 방책(여러 가지 중에)은 있다. 가능한 최선을 다하여 성경이 전제로 하는 역사적, 지리적, 문화적 그리고 언어적 맥락을 이해하는 것이다. 역사적이고 지리적인 맥락을 아는 것은 성경이 영감을 얻고, 집필되고, 편집되고 나아가 읽히게 된 정황을 이해하는 것이다. 그렇게 되면 성경의 문장들이 왜 그렇게 진술되었는지에 대한 이해가 가능한 최소한의 장치를 얻게 된다. 중요한 것은 성경의 저술과 편집 그리고 읽기가 당대의 역사적 정황에 대한 하나님의 백성들의 신앙적 반응과 관련이 있다는 것이다. 이렇게 본다면 그 때 그 역사적 맥락에서, 그 지리적 위치에서, 그리고 그 사회문화적 흐름에서 성경의 사람들이 하나님께 영감을 얻고 기술하고 편집하여 회자했던 이유가 완벽하지는 않더라도 생각보다 분명해 진다.

성경의 사람들은 그들이 살았던 사회와 세상, 나라들 사이에서 하나님의 사람들이고자 했다. 이것은 성경에 등장하는 사람들 대부분에게서 발견되는 매우 기분 좋은 공통점이다. 그들이 역사 가운데 보인 반응 및 행동양식에는 일정한 방식이 있었다. 성경에는 그것이 분명한 선으로 드러난다. 크리스토퍼 라이트(Chrsitopher J. H. Wright)는 이것을 하나님의 선교에 동참하는 하나님의 백성들의 순종하는 행동들이라고 말했다. 리차드 호슬리(Richard A Hosley)는 성경의 사람들이 세상의 군주와 권세자들에게 어떻게 반응했는지를 살피는 것은 성경 읽기에서 매우 유익한 정보라고 말했다. 우리는 하나님의 백성들이 역사 가운데 벌인 행동들을 면밀히 살피는 방식에서 성경의 진지한 맥을 찾을 수 있게 된다. 특히 하나님의 백성들이 보인 행동을 역사적 정황과 지리적 환경에 대입해 보면, 그들의 소명과 사명 그리고 헌신과 행동 양식들이 선명하게 드러나는 것을 볼 수 있다. 그렇게 발견된 것들을 오늘 우리 삶에 대입하여 가공하면서 우리는 신앙 교훈이 될 만한 진귀한 보석들을 얻게 된다.

결국 이 책은 무엇이 바른 성경읽기인지에 대해 논쟁하는 책은 아니다. 무엇보다 '친(親) 세상'과 '반(反) 세상' 혹은 '탈(脫) 세상'을 구분 짓는 법을 찾고자 하는 의도도 없다. 그저 성경을 읽어 내려가는 중요한 맥락으로서 하나님의 백성에 대해, 그들이 역사 속에서 신앙과 소명, 사명과 헌신의 여정을 지나왔음을 이야기하고자 하는 것이다. 그렇게 하나님의 백성들이라는 관점에서 성경을 읽어 내려가는 것에 관한 기초적인 자료를 제공하고자 하는 것이다. 그래서 이 책의 관점은 이미 정해져 있고 읽는 방식도 정해져 있다. 하나님의 백성이라는 관점에서 성경을 역사와 지리적으로 개관(槪觀, introduction)하는 것이다. 독자들이나 이 책을 사용하고자 하는 지도자들, 리더들은 이 책이 하나님 백성의 경전으로서 성경을 보다 더 깊이 있고 풍성하게 읽도록 하는데 도움을 주고자 만들어졌음을 주지해야 한다. 그리고 이 책이 제공하는 성경의 이야기들과 그 이야기들에 관련된 역사적 사건들을 공부하듯 정리하는 쪽에 관심을 갖기를 바란다.

성경, 하나님의 백성 프로젝트

성경을 관통하는 말들이 있다. 창조, 죄, 하나님의 백성, 구원, 심판과 종말의 하나님의 나라 등이다. 이 몇 가지 단어와 개념들을 잘 알면 성경을 원래 의미하는 바에 비추어 잘 읽어 내려갈 수 있다. 그 가운데 하나님의 백성 개념은 성경을 정확하게 관통하는 매우 중요한 표현이다. 창조 때부터 하나님께서는 당신의 부르신 백성들을 당신의 피조된 세상에 세우시고 그들로 하여금 하나님의 뜻대로 세상을 다스리도록 하셨다. 하나님께서는 창조하신 세상 가운데 당신의 형상(image of God)을 따라 인간을 지어두시고 그들로 하여금 세상을 하나님의 창조하신 목적에 부합하게 관리하도록 하셨다. 하나님의 부르심은 그래서 창조의 중요한 요소 가운데 하나이다. 결국 성경 전체의 서론이라 할 수 있는 창세기 1장 가운데 27절과 28절은 매우 중요하다. 우리가 '창조명령(creation mandate)'이라고 부르는 것이다. 이 구절을 이해하는 것은 성경 전체를 읽어 내려가는 성도의 자기 정체성이 흐트러짐이 없도록 하는 축과 같은 역할을 한다.

하나님이 자기 형상 곧 하나님의 형상대로 사람을 창조하시되 남자와 여자를 창조하시고 하나님이 그들에게 복을 주시며 하나님이 그들에게 이르시되 생육하고 번성하여 땅에

*충만하라, 땅을 정복하라, 바다의 물고기와 하늘의 새와 땅에
움직이는 모든 생물을 다스리라 하시니라*

창세기 1장 27~28절

흥미롭게도 하나님께서는 인간의 타락 이후에도 부름받은 백성들을 창조명령을 수행하는 사명의 자리에 그대로 두셨다. 아니 하나님의 부름받은 백성 개념은 더 강화된 것이라고 보는 것이 맞다. 하나님께서는 창세기 4장 끝 절과 5장 전반에 걸쳐 등장하는 아담의 새로운 계보를 통해 창조 사명을 받은 이들을 세우셨다. 창조 명령을 받은 '하나님의 사명자'들은 이후 노아와 아브라함으로 이어지게 된다. 성경은 셋으로부터 노아로 그리고 아브라함으로 이어지는 내내 창세기 1장 28절의 의미를 새기고 또 새긴다. 하나님께서는 아담의 불순종에도 그리고 가인의 범죄에도 창조명령을 거두시기는커녕 그 명령을 더욱 강화하셨다. 하나님의 뜻대로 살아가는 거룩한 백성들이 이 세상 가운데 가득하게 되는 계획을 하나님 특유의 열심으로 실현하시는 것이다.

*하나님이 노아와 그 아들들에게 복을 주시며 그들에게 이
르시되 생육하고 번성하여 땅에 충만하라*

창세기 9장 1절

너희는 생육하고 번성하며 땅에 가득하여 그 중에서 번성
하라 하셨더라

창세기 9장 7절

여호와께서 아브람에게 이르시되 너는 너의 고향과 친척
과 아버지의 집을 떠나 내가 네게 보여 줄 땅으로 가라 내가
너로 큰 민족을 이루고 네게 복을 주어 네 이름을 창대하게
하리니 너는 복이 될지라

창세기 12장 1~2절

그를 이끌고 밖으로 나가 이르시되 하늘을 우러러 뭇별
을 셀 수 있나 보라 또 그에게 이르시되 네 자손이 이와 같
으리라

창세기 15장 5절

내가 네게 큰 복을 주고 네 씨가 크게 번성하여 하늘의 별
과 같고 바닷가의 모래와 같게 하리니 네 씨가 그 대적의 성문
을 차지하리라 또 네 씨로 말미암아 천하 만민이 복을 받으리니
이는 네가 나의 말을 준행하였음이니라 하셨다 하니라

창세기 22장 17~18절

아브라함과 족장 이후 하나님의 부름받은 백성을 통한 세상 구원과 통치의 계획은 아브라함 후손 민족을 통해 크게 확장된다. 하나님께서는 아브라함에게 이야기하셨던 계획(창 15:13~14)을 구체적으로 실현하시고 헤아릴 수 없이 많은 아브라함의 후손들이 애굽으로부터 나오도록 하셨다. 출애굽한 이스라엘 하나님의 백성들은 시내산으로 갔다. 하나님께서는 그곳에서 그들을 창조 명령을 수행할 소명의 백성들로 새롭게 세우셨다. 온 세상을 하나님께로 인도하는 중보자의 사명을 받은 것이다. 이스라엘은 아담과 셋과 노아 그리고 그들의 조상 아브라함과 이삭과 야곱 및 요셉으로 이어져온 창조명령에 귀 기울였다. 그들은 하나님께서 주신 계명에 근거하여 그 명령을 실행하고 성취하기로 결단한다.

　시내산에서의 언약이 성립된 후 이스라엘은 가나안을 향해 행진했다. 하나님께서는 그들의 불순종에도 불구하고 세상을 하나님께로 이끌 중보사역자들의 수를 줄이거나 최소화하지 않으셨다. 하나님께서는 최종적으로 가나안에 들어가 하나님의 창조명령을 수행할 당신의 백성들의 규모를 유지하셨다. 하나님의 백성이 이 세상 가운데 생육하고 번성하여 충만하게 되는 계획은 파기되지 않은 것이다. 이스라엘 백성은 이제 하나님께서 약속하신 가나안에서 하나님께서 주신 제사장의 나라로서 소명을 성취하며 살아가야 한다.

내가 애굽 사람에게 어떻게 행하였음과 내가 어떻게 독수
리 날개로 너희를 업어 내게로 인도하였음을 너희가 보았느
니라 세계가 다 내게 속하였나니 너희가 내 말을 잘 듣고 내
언약을 지키면 너희는 모든 민족 중에서 내 소유가 되겠고
너희가 내게 대하여 제사장 나라가 되며 거룩한 백성이 되
리라 너는 이 말을 이스라엘 자손에게 전할지니라 모세가 내
려와서 백성의 장로들을 불러 여호와께서 자기에게 명령하
신 그 모든 말씀을 그들 앞에 진술하니 백성이 일제히 응답
하여 이르되 여호와께서 명령하신 대로 우리가 다 행하리이
다 모세가 백성의 말을 여호와께 전하매

출애굽기 19장 4~8절

이같이 이스라엘 자손이 그 조상의 가문을 따라 이십 세
이상으로 싸움에 나갈 만한 이스라엘 자손이 다 계수되었으
니 계수된 자의 총계는 육십만 삼천오백오십 명이었더라

민수기 1장 45~46절

이스라엘 자손의 계수된 자가 육십만 천칠백삼십 명이었
더라

민수기 26장 51절

안타깝게도 이스라엘 백성의 가나안 생활은 온전하지 못했다. 그들은 가나안 정착 이후 한 세대가 지나기도 전에 하나님과 맺은 약속을 버리고 각자 자기들의 소견대로 사는 불순종을 택했다. 그들은 하나님의 뜻과 하나님의 명령보다는 주변의 정치, 경제 그리고 종교적인 형편을 더 살폈다. 그리고 주어진 상황에 맞게 생존하는 방법을 더 중요하게 여겼다. 그들은 가나안을 온전한 하나님의 땅이 되게 하는 것에서 실패했고, 이방의 가증한 것들과 그 우상들이 가나안으로 유입되어 하나님의 거룩한 땅과 백성들을 더럽히는 것을 막지 못했다. 하나님께서는 다윗과 솔로몬 등을 통해 예루살렘에 하나님의 거룩한 전을 세우시고 그 성전을 중심으로 하는 영적 삶의 회복을 이끄셨다. 하나님께서는 이스라엘이 예루살렘에 세워진 성전을 중심으로 다시 한 번 하나님의 거룩한 나라로 회복되기를 원하셨다. 하지만 이스라엘은 하나님의 뜻에 순종하지 않았다. 결국 하나님께서는 이스라엘을 다시 흩어버리기로 하셨다. 북 이스라엘과 남 유다를 차례로 멸망시키셨다. 그리고 최종적으로 하나님의 백성들을 이방나라 바벨론의 포로가 되게 하셨다(왕하 25장, 대하 36장). 이로써 민족으로 하나님의 부름받은 백성들은 세상 가운데 다시 흩어져 고난 가운데 이방인처럼 살게 되었다. 그러나 하나님의 창조명령은 여전히 유효했다. 하나님께서는 흩어진 이스라엘 가운데서 새로운 하나님의 백성 공동체를 세우기로 하셨다. 전 세계에 흩어진 하나님의 백성들은 그 악한 길로부터 하나님의 선하신 뜻으로 마음을 돌이켜야 한다. 하나님께서는 그 마음을 돌이킨 백성들을 새로운 이스라엘, 새로운 예루살렘으로 돌아오도록 하신다.

그 세대의 사람도 다 그 조상들에게로 돌아갔고 그 후에 일어난 다른 세대는 여호와를 알지 못하며 여호와께서 이스라엘을 위하여 행하신 일도 알지 못하였더라 이스라엘 자손이 여호와의 목전에 악을 행하여 바알들을 섬기며 애굽 땅에서 그들을 인도하여 내신 그들의 조상들의 하나님 여호와를 버리고 다른 신들 곧 그들의 주위에 있는 백성의 신들을 따라 그들에게 절하여 여호와를 진노하시게 하였으되 곧 그들이 여호와를 버리고 바알과 아스다롯을 섬겼으므로

사사기 2장 10~13절

그 때에는 이스라엘에 왕이 없었으므로 사람마다 자기 소견에 옳은 대로 행하였더라

사사기 17장 6절

여호와께서 그에게 이르시되 네 기도와 네가 내 앞에서

간구한 바를 내가 들었은즉 나는 네가 건축한 이 성전을 거
룩하게 구별하여 내 이름을 영원히 그 곳에 두며 내 눈길과
내 마음이 항상 거기에 있으리니 네가 만일 네 아버지 다윗
이 행함 같이 마음을 온전히 하고 바르게 하여 내 앞에서 행
하며 내가 네게 명령한 대로 온갖 일에 순종하여 내 법도와
율례를 지키면 내가 네 아버지 다윗에게 말하기를 이스라
엘의 왕위에 오를 사람이 네게서 끊어지지 아니하리라 한
대로 네 이스라엘의 왕위를 영원히 견고하게 하려니와 만
일 너희나 너희의 자손이 아주 돌아서서 나를 따르지 아니
하며 내가 너희 앞에 둔 나의 계명과 법도를 지키지 아니하
고 가서 다른 신을 섬겨 그것을 경배하면 내가 이스라엘을
내가 그들에게 준 땅에서 끊어 버릴 것이요 내 이름을 위하
여 내가 거룩하게 구별한 이 성전이라도 내 앞에서 던져버
리리니 이스라엘은 모든 민족 가운데에서 속담거리와 이
야기거리가 될 것이며 이 성전이 높을지라도 지나가는 자
마다 놀라며 비웃어 이르되 여호와께서 무슨 까닭으로 이
땅과 이 성전에 이같이 행하셨는고 하면 대답하기를 그들
이 그들의 조상들을 애굽 땅에서 인도하여 내신 그들의 하
나님 여호와를 버리고 다른 신을 따라가서 그를 경배하여
섬기므로 여호와께서 이 모든 재앙을 그들에게 내리심이

라 하리라 하셨더라

열왕기상 9장 3~9절

　이는 이스라엘 자손과 유다 자손이 예로부터 내 눈 앞에 악을 행하였을 뿐이라 이스라엘 자손은 그의 손으로 만든 것을 가지고 나를 격노하게 한 것뿐이니라 여호와의 말씀이니라 이 성이 건설된 날부터 오늘까지 나의 노여움과 분을 일으키므로 내가 내 앞에서 그것을 옮기려 하노니 이는 이스라엘 자손과 유다 자손이 모든 악을 행하여 내 노여움을 일으켰음이라 그들과 그들의 왕들과 그의 고관들과 그의 제사장들과 그의 선지자들과 유다 사람들과 예루살렘 주민들이 다 그러하였느니라

예레미야서 32장 30~32절

　베들레헴 에브라다야 너는 유다 족속 중에 작을지라도 이스라엘을 다스릴 자가 네게서 내게로 나올 것이라 그의 근본은 상고에, 영원에 있느니라 그러므로 여인이 해산하기까지 그들을 붙여 두시겠고 그 후에는 그의 형제 가운데에 남은 자가 이스라엘 자손에게로 돌아오리니 그가 여호와의 능력과 그의 하나님 여호와의 이름의 위엄을 의지하고 서서 목

이스라엘 곧 하나님의 거룩한 백성의 회복은 오히려 예수님의
사역과 그 제자들을 부르신 것을 통해 이루어졌다. 예수님께서는
목자 없는 양 같이 흩어진 이스라엘을 불쌍히 여기시고 그들을
다시 불러 모으셨다(겔 34:5, 막 6:34). 예수님은 특별히 새로운
이스라엘을 상징하는 열두 명의 제자를 세우시고 그들과 더불어
"흑암에 사는 백성들"을 향하여 하나님 나라를 선포하셨다. 예수
님께서는 이방의 어두움 가운데 사는 백성들에게 이전과 다른 새
로운 삶을 제안하셨고 그리고 그들의 삶을 치유하시고 회복시키
셨다. 예수님의 사역의 핵심은 아무래도 십자가 죽으심과 부활이
었다. 예수님께서는 자기를 희생하여 대신 내어주는 십자가 죽으
심과 부활 사건을 통하여 하나님 나라의 전혀 새로운 길과 비전
을 보이셨다. 이제 예수님께서 전하시는 하나님 나라는 그저 말
뿐인 선포가 아닌 실물의 역사가 되었다. 예수님의 십자가 죽으
심과 부활하심으로 예수님과 십자가를 믿는 이들은 누구나 하나
님의 백성으로서 새로운 삶의 길을 갈 수 있게 되었다. 그들은 구
약 시절에 무수히 반복하던 성막과 성전의 제사가 아닌 단 번에

이루신 예수님의 십자가 능력으로 새로운 삶의 가능성을 얻게 되었다. 예수님께서는 부활하신 후 제자들에게 당신의 메시아 되심과 십자가 죽으심 그리고 부활과 승천 및 다시 오실 일의 대략과 의미를 가르치셨다. 그리고 그들로 하여금 당신이 이루신 일의 증인이 되게 하셨다. 제자들은 이제 예수 그리스도의 사역이 이룬 하나님 나라의 새로운 길을 세상에 전하는 사람들이 되었다. 그들에게는 상통하는 일관된 하나님의 계획과 사명 즉, 창조명령과 제사장의 명령 그리고 십자가 사명이 다시 주어졌다. 이제 그들은 땅 끝까지 복음을 전하는 하나님의 백성 공동체이다.

갈릴리 해변에 다니시다가 두 형제 곧 베드로라 하는 시몬과 그의 형제 안드레가 바다에 그물 던지는 것을 보시니 그들은 어부라 말씀하시되 나를 따라오라 내가 너희를 사람을 낚는 어부가 되게 하리라 하시니 그들이 곧 그물을 버려 두고 예수를 따르니라 거기서 더 가시다가 다른 두 형제 곧 세베대의 아들 야고보와 그의 형제 요한이 그의 아버지 세베대와 함께 배에서 그물 깁는 것을 보시고 부르시니 그들이 곧 배와 아버지를 버려 두고 예수를 따르니라

마태복음 4장 18~22절

예수께서 이르시되 오늘 구원이 이 집에 이르렀으니 이 사람도 아브라함의 자손임이로다 인자가 온 것은 잃어버린 자를 찾아 구원하려 함이니라

누가복음 19장 9~10절

갈릴리에 모일 때에 예수께서 제자들에게 이르시되 인자가 장차 사람들의 손에 넘겨져 죽임을 당하고 제삼일에 살아나리라 하시니 제자들이 매우 근심하더라

마태복음 17장 22~23절

그 때에 인자가 구름을 타고 큰 권능과 영광으로 오는 것을 사람들이 보리라 또 그 때에 그가 천사들을 보내어 자기가 택하신 자들을 땅 끝으로부터 하늘 끝까지 사방에서 모으리라

마가복음 13장 26~27절

또 이르시되 내가 너희와 함께 있을 때에 너희에게 말한 바 곧 모세의 율법과 선지자의 글과 시편에 나를 가리켜 기록된 모든 것이 이루어져야 하리라 한 말이 이것이라 하시고 이에 그들의 마음을 열어 성경을 깨닫게 하시고 또 이르

시되 이같이 그리스도가 고난을 받고 제삼일에 죽은 자 가운데서 살아날 것과 또 그의 이름으로 죄 사함을 받게 하는 회개가 예루살렘에서 시작하여 모든 족속에게 전파될 것이 기록되었으니 너희는 이 모든 일의 증인이라

누가복음 24장 44~48절

결국 초대교회는 예수님의 새로운 이스라엘 즉, 새로운 하나님의 백성 공동체의 시작이다. 하나님께서는 예루살렘 다락방 백이십 명의 사람들에게 성령 세례를 베푸셨다. 하나님의 영은 그들의 마음을 하나님의 세상을 향한 한 뜻 곧, 세상을 하나님의 구원으로 인도하시고자 하는 뜻으로 일치시키셨다. 나아가 성령께서는 다락방의 사도들이 각자 받은 은사와 능력으로 세상 가운데 나아가 각자의 땅 끝에서 복음을 전하는 일꾼이 되게 하셨다. 사도들은 성령을 체험하는 즉시 예수님께서 부탁하신 사명을 가지고 세상으로 나갔다. 그리고 예루살렘과 유대와 사마리아와 결국 땅 끝까지 이르러 예수 그리스도의 복된 소식과 임박한 하나님 나라를 선포했다. 그들은 헬라와 로마의 도시들에서 그리고 인도와 아프리카 등의 땅 끝에서 주의 복음을 전하며 헌신했다. 초대교회 사도들의 헌신은 속사도 교부라 불리는 그들의 제자들에게 이어졌다. 속사도 교부들의 복음 선포 열정은 후대 교회들에게 지속적으로 이어졌다. 교회는 확장되었고 온 세계에 퍼져나갔다. 하나님의 말씀은 교회를 통해 온 세상에 전해졌고 주를 믿는 제자들의 수는 날로 늘어갔으며 말 그대로 "하나님의 말씀은 크게 흥왕했다"(행 12:24, 19:20). 하나님께서 오래전부터 부탁하셨던 창조의 사명과 제사장의 사명 나아가 십자가의 사명은 이제 새로운 이스라엘 교회에게서 신실하게 지켜졌다(벧전 2:8~9).

지난 역사 내내 교회는 그 모든 시련과 어려움 가운데에도 하나님 나라의 도를 세상에 전하고 주의 제자들을 세우는 일을 위해 전력해 왔다. 교회는 마치 출애굽 때에 바로의 계략에도 하나님을 믿는 사람들의 집안이 흥왕했던 것처럼(출 1:21), 그리고 시편의 기자가 "의인이 흥왕하게 된다"는 말을 노래했던 것처럼(시 92:7) 역사 속에서 부흥해 왔다. 이제 그 부흥의 결실들은 하나님 나라가 도래하는 날 확연하게 드러날 것이다. 요한은 그의 마지막에 대한 묵시에서 "각 나라와 족속과 백성과 방언 가운데서" 수를 헤아리기 어려운 많은 백성들이 어린양 예수의 은혜를 찬양하며 하나님 앞으로 나아올 것이라고 했다(계 7:9). 이 비전은 하나님 나라 백성의 결과가 예수님께서 다시 오실 그 날에 어떤 모습일지를 보여주는 것이다. 하나님의 말씀은 참으로 신실하다. 그래서 하나님의 창조 때에 선언하신 명령은 지금 계시록에 등장하는 허다한 백성들의 모습을 통해 실현될 것이다. 하나님의 백성은 역사의 어떤 질곡 가운데에서도 예수님께서 가르쳐 주시고 본을 보이신 그 십자가의 도를 따라 신실하게 살아갈 것이다. 그리고 모두가 하나같이 그 나라에 이르러 하나님의 축복과 명령의 말씀이 그대로 실현되었음을 증거로 보일 것이다.

오직 성령이 너희에게 임하시면 너희가 권능을 받고 예루살렘과 온 유대와 사마리아와 땅 끝까지 이르러 내 증인이 되리라 하시니라 이 말씀을 마치시고 그들이 보는데 올려져 가시니 구름이 그를 가리어 보이지 않게 하더라 올라가실 때에 제자들이 자세히 하늘을 쳐다보고 있는데 흰 옷 입은 두 사람이 그들 곁에 서서 이르되 갈릴리 사람들아 어찌하여 서서 하늘을 쳐다보느냐 너희 가운데서 하늘로 올려지신 이 예수는 하늘로 가심을 본 그대로 오시리라 하였느니라

사도행전 1장 8~11절

사울은 그가 죽임 당함을 마땅히 여기더라 그 날에 예루살렘에 있는 교회에 큰 박해가 있어 사도 외에는 다 유대와 사마리아 모든 땅으로 흩어지니라

사도행전 8장 1절

바울이 온 이태를 자기 셋집에 머물면서 자기에게 오는 사람을 다 영접하고 하나님의 나라를 전파하며 주 예수 그리스도에 관한 모든 것을 담대하게 거침없이 가르치더라

사도행전 28장 30~31절

그러나 너희는 택하신 족속이요 왕 같은 제사장들이요 거룩한 나라요 그의 소유가 된 백성이니 이는 너희를 어두운 데서 불러 내어 그의 기이한 빛에 들어가게 하신 이의 아름다운 덕을 선포하게 하려 하심이라

베드로전서 2장 9절

내가 인침을 받은 자의 수를 들으니 이스라엘 자손의 각 지파 중에서 인침을 받은 자들이 십사만 사천이니 유다 지파 중에 인침을 받은 자가 일만 이천이요 르우벤 지파 중에 일만 이천이요 갓 지파 중에 일만 이천이요 아셀 지파 중에 일만 이천이요 납달리 지파 중에 일만 이천이요 므낫세 지파 중에 일만 이천이요 시므온 지파 중에 일만 이천이요 레위 지파 중에 일만 이천이요 잇사갈 지파 중에 일만 이천이요 스불론 지파 중에 일만 이천이요 요셉 지파 중에 일만 이천이요 베냐민 지파 중에 인침을 받은 자가 일만 이천이라

이 일 후에 내가 보니 각 나라와 족속과 백성과 방언에서 아무도 능히 셀 수 없는 큰 무리가 나와 흰 옷을 입고 손에 종려 가지를 들고 보좌 앞과 어린 양 앞에 서서 큰 소리로 외쳐 이르되 구원하심이 보좌에 앉으신 우리 하나님과 어린 양에게 있도다 하니 모든 천사가 보좌와 장로들과 네 생물의 주위에 서 있다가 보좌 앞에 엎드려 얼굴을 대고 하나님께 경배하여 이르되 아멘 찬송과 영광과 지혜와 감사와 존귀와 권능과 힘이 우리 하나님께 세세토록 있을지어다 아멘 하더라

요한계시록 7장 4~12절

살아있는 성경공부를 위해

이 책은 지리와 역사를 통해 성경을 공부하도록 제작되었다. 누구든 이 책을 읽거나 함께 모여 공부하게 되면 아브라함 이래 성경의 주요 사건들이 어떻게 전개되어 왔는지를 한 눈에 볼 수 있게 된다. 특별히 아브라함 이래 하나님의 백성들이 역사 속에서 어떻게 부르심 받은 삶을 전개해 왔는지를 배우게 된다.

성경은 역사를 초월한 책이다. 성경은 하나님의 말씀으로서 인간의 역사에 얽매이지 않는 하나님의 뜻과 능력을 보여준다. 성경을 읽어 내려가면 하나님께서 어떻게 인간 역사에 반하여 당신

의 뜻을 당신의 방식대로 실현하시는 지를 파악할 수 있다. 그러나 하나님께서는 당신의 뜻과 방식을 역사적인 현실과 아무런 관련 없이 이루신 것은 아니다. 하나님께서는 인간 역사와 관계하시며 인간이 자기 오만과 편견과 무례함으로 하나님이 지으신 세계를 주도하고 파괴하려 할 때 그것에 개입하시고 그 방향을 트셨으며 결국 역사의 흐름을 하나님의 공의대로 이끌어가셨다. 아니 지금도 그렇게 하고 계신다. 우리는 이것을 분명하게 알아야 한다. 하나님께서는 고대 가나안의 왕들에게 아브라함을, 바로에게 요셉과 모세를, 이스라엘의 지도자들과 왕들 그리고 제국의 권력자들에게 선지자들을 보내셨다. 하나님께서는 역사 가운데서 하나님의 부르심 받은 백성들과 더불어 세상 권세자들의 생각을 꺾으시고 그들의 지혜를 무위로 돌리셨으며 그들의 권세를 티끌로 만드셨다. 성경은 세상 무도한 권세자들의 끊임없는 도발에 대한 하나님 백성의 고통스러우나 신실한 응전의 역사이다. 성경이야말로 이 놀라운 일들에 대한 귀한 증거들이라는 것을 믿는 가운데, 우리는 성경을 읽어야 한다.

결국 성경은 역사를 초월하여 역사와 상관없이 쓰인 책이 아니다. 성경은 하나님의 백성들이 고통과 고난, 질고의 역사를 체험하는 한 복판에 저술되었고 묶여졌으며 회자되었다. 하나님의 백성들은 세상 모든 지배자들과 피지배자들이 '라(La)'신이 위대하다 외칠 때 여호와 신앙을 구했으며, '마르둑(Marduk)'을 위대한 창조자라고 선언할 때 그래도 "태초에 천지를 지으신 분은 하나님"이시라고 고백했다. 그리고 그 고백과 고백한 대로의 삶을 하나님의 말씀과 함께 엮어 후대 우리들에게 남겼다. 우리는 모두 회복된 아브라함의 자손으로서 성경의 사람들과 이야기들이 각 역사적 맥락(context) 속에서 어떻게 하나님에 대한 신앙 고백의 텍스트(text)를 지켜왔는지를 배워야 한다. 역사와 지리로 배우는 성경여행은 그 의미 있는 발견을 도울 것이다.

이 책을 읽고 공부하는 방법으로 다음의 세 가지를 제안하고자 한다.

이 책은 성경과 더불어 혼자 읽을 수 있도록 편집되었다. 성경을 혼자 힘으로 통전적으로 읽어 내려가는 것은 성도에게 매우 유익한 작업이다. 그런데 성경이란 것은 현대 독자의 마음을 헤아리는 책이 아닌 관계로, 경전을 읽어 내려가기 위한 독특한 방법 훈련은 별도로 필요하다. 물론 이 책은 성경을 경전으로 읽어 내려가도록 하는 일에 도움을 주는 책은 아니다. 이 책은 오히려 경전으로서 성경을 접하는데 보다 용이하도록, 역사, 지리적 배경과 시대 축 그리고 일단의 논리를 잡아 주는 책이라고 보면 좋을 것이다. 따라서 독자는 이 책을 한 장씩 읽어 내려가면서 아브라함 이후 성경의 각 이야기들이 인류 고대역사와 어떻게 연결되는지를 살피고 그 역사 가운데 성경의 주인공이 되거나 성경을 쓰거나 혹은 성경을 읽은 사람들이 성경의 하나님 뜻을 어떻게 구현하고 성취했는지를 살피는 일에 관심을 가져야 한다. 이 책을 혼자 읽을 경우에는 가능한 다른 책들을 옆에 두지 말고 오직 성경과 더불어 이 책을 완독하도록 노력하는 것이 중요하다. 성경 전체의 맥락을 혼자만의 힘으로 잡아가는 것이 중요한 목적이기 때문이다. 책을 읽은 후 다른 관련 서적들을 읽거나 성경만을 통독하게 되면 이 책이 홀로 선 독자에게 어떤 유익이 되었는지 이해할 수 있을 것이다.

아울러 이 책은 두세 명이 함께 그룹을 지어 공부하며 읽을 수도 있다. 두 세 사람이 그룹으로 책을 접하고자 한다면 책과 성경의 관련 본문들을 정해진 시간에 모여 함께 읽어가는 방식을 권한다. 앞서 언급한 바와 같이 이 책은 성경의 역사 지리적 맥락을 짚어가며 성경의 주요 축을 이해하도록 하는데 중점을 두고 있다. 따라서 그룹의 경우에는 이 책 각 장의 하부 섹션 담당을 미리 나누어 읽고 관련 자료들을 준비한 뒤 교차로 발제하며 공부할 것을 권한다. 두 세 사람의 경우에는 그룹의 특징을 살려 관련 역사 및 지리 자료들을 추가로 준비하여 나누는 일이 무엇보다 중요하다. 그래서 각 장의 성경 본문 맥락과 그 역사적 배경 및 지리적 전개들을 보다 더 풍성하고 충실하게 나누도록 한다.

마지막으로 이 책은 한 사람의 리더(주로 목회자)에 의해 중대그룹 단위 강의로 공부할 수도 있다. 리더나 강사는 먼저 역사와 지리로 읽는 성경공부 강좌 개설을 안내하고 교실을 마련한 뒤 총 9개의 강좌를 진행한다. 중대그룹의 경우에는 서론 부분에 등장하는 하나님의 백성이라는 개념으로 성경을 읽는 것에 관해 강의를 집중하는 것이 중요하다. 강사나 리더는 아담과 셋, 노아와 아브라함 그리고 이스라엘로 이어져 예수 그리스도의 교회로 연결되는 하나님의 백성들의 계보와 그들의 사역 이야기들에 집중하여 강의를 진행해야 한다. 강의의 주제적 핵심으로서 하나님의 백성들의 사역 이야기들과 연결하여 관련 역사와 지리적인 정보들을 자료로 활용할 때 강의의 집중도는 좋아질 것이다.

성경여행 공부방법 간단 익히기

1. 각 과의 theme을 성경의 본문과 함께 읽고 나눕니다.
2. 각 과 history & geography 부분을 연표와 함께 읽고 나눕니다.
3. 각 과 story with atlas 를 theme에서 배운 성경이야기들과 연결하여 읽습니다.
4. story with atlas를 읽을 때는 본문의 번호 표시된 각 지명을 지도에서 찾아 적어가며 읽습니다.
5. 마지막으로 보조자료로 활용하는 성경지도책을 꺼내 지도와 대조하면서 각 과 성경의 지명들을 시간대별로 순서대로 화살표로 연결해 봅니다.

6. 각 과의 마지막 두 개 질문에 대한 답을 적어보고 지문대로 활동해 봅니다.

하나님의 백성 그리고 그들의 역사적 지리적 전개를 통해 성경을 보고 읽는 것은 우리 신앙이 보다 실물적이게 하는 밑거름이 된다. 우리는 성경에 등장하는 신앙의 선배들이 그 믿는 신앙 교리들과 신학적 논제들을 어떻게 삶과 역사 가운데 구현하며 살아갔는지 살필 줄 알아야 한다. 그래야 우리가 믿는 신앙의 명제들이 이미 죽어버린 언어들이 아니라는 것을 알게 된다. 성경을 하나님의 백성들의 삶의 여정으로 공부하는 가운데 우리는 우리의 신앙 명제들이 여전히 살아 있고 운동력이 있어서 좌우에 날이 선 검과 같다는 것을 깨닫게 될 것이다. 역사와 지리로 배우는 '성경여행'은 살아 역동적인 신앙의 길을 안내하는 한 가지 제안이다.

TBM성경지리공부시리즈

BIBLE TRAVEL

01

믿음의 여행자 아브라함

역사의 전면에 나선 아브라함
그의 부르심과 약속의 땅을 향한 여행
그를 통해 번성하게 된
하나님의 백성 이야기를 배웁니다.

성경에서 아브라함은 역사 이전 시대와 역사 이후 시대 사이에 놓인 신비한 인물이다. 그로 말미암아 성경의 인물들은 역사 이전 신비한 시대의 행보를 끝내고 역사 속으로 들어와 세계사 한복판에서 하나님의 백성으로서 여정을 시작했다. 아브라함 시대역사는 생각보다 복잡하고 혼란스러웠다. 국가와 사회적 안전망속에서도 살기 쉽지 않다는 불평이 많은데 국제적 혼란의 와중을살아간다는 것, 특별히 하나님의 백성으로서 소명의 삶을 산다는것은 쉬운 일이 아니었을 것이다. 아브라함은 그 모든 혼란한 상황을 뚫고, 끝내 그에게 주어진 믿음의 여정을 완수했다. 중간에의심과 불안의 세월을 경험하기도 했지만 그는 결국 믿음의 조상이라는 매우 가치 있는 별호를 얻었다. 그는 진정 혼란한 인생길을 어떻게 믿음으로 가야하는지의 정수를 보여준 본보기이며, 성경이 충분한 지면을 할애하여 그 인생을 다룰만한 가치가 있는인물이었다.

 생육하고 번성하라

하나님께서는 피조물 아담에게 창조의 사명(creation mandate)을 주셨다. "생육하고 번성하여 땅에 충만하라 땅을 정복하라 바다의 물고기와 하늘의 새와 땅에 움직이는 모든 생물을 다스리라"(창 1:28). 하나님께서는 당신의 형상(image)을 따라 지음 받은 인간의 선한 모습이 크게 번성하기를 바라셨다. 하나님의 지음을 받은 아담에게 하나님의 이 말씀은 중요한 사명이 되었다. 안타깝게도 하나님의 형상을 닮은 인간의 번성은 가인이 동생 아벨을 죽이면서 위기에 직면하게 된다. 아벨은 죽고 가인은 아버지의 땅에서 쫓겨나게 된 것이다. 결국 아담에게는 생육하고 번성할 기반이 남지 않게 되었고 인간의 창조 사명은 위기로 치닫게 된다.

그러나 하나님의 명령이자 축복이 끝난 것은 아니었다. 하나님께서는 아담에게 '셋'이라는 아들을 새로운 대안으로 주셨다. 이후 셋의 자손은 "생육하고 번성하여 땅에 충만하라"는 명령과 축복을 실현하는 사명의 사람들이 되었다. 비록 가인의 자손들 틈에서 많은 어려움에 직면했으나 셋에게 이어진 창조 사명은 노아에게 그리고 그 자손 아브라함에게 "생육하고 번성하여 땅에 충만하라"는 사명으로 계속 이어졌다(창 9:1, 12:2).

하나님께서 말씀하신 "생육하고 번성하여 땅에 충만하라"는 명령은 단순한 인간적 번영(prosperity)을 의미하지 않는다. 그것은 하나님의 형상대로 지음 받아 하나님을 아는 사람들, 하나님을 믿으며 그 뜻대로 살아가는 사람들이 많아져 이 땅을 뒤덮으리라는 하나님 비전의 이행이다. 무엇보다 하나님께서 친히 그것을 이루시리라는 약속이다. 하나님의 형상대로 지음 받은 것을 기뻐하며 하나님의 마음을 품은 사람들, 하나님의 뜻대로 살아가는 사람들이 이 땅 가운데 가득하게 되는 것을 보는 것은 축복이다. 인간 삶의 곳곳에서 하나님의 사람들을 만나게 되는 것은 정말이지 큰 기쁨이다. 우리는 창세기 1장에서 하나님께서 말씀하신 그 명령과 약속을 이런 의미로 해석할 줄 알아야 한다. 이 창조 사명과 그 해석 속에서 우리는 아브라함을 만나게 된다.

아브라함을 부르심(아르미따쥬 박물관 소장, 피에테르 라스트만, 1617년)

아브라함 역시 이 창조 사명을 받았다. 아담과 셋, 노아에 이어 하나님의 창조명령 프로젝트를 구현할 새로운 책임자로 임명된 것이다. 아브라함은 그의 조상 아담처럼, 셋처럼, 에녹처럼, 무두

셀라처럼, 그리고 노아처럼 하나님의 뜻에 순종하는 이들이 이 땅에 번성하도록 하는 책임을 가진 사람이 되었다. 자신의 믿음과 순종의 DNA를 이어받은 자손들이 이 땅에 번성하고 충만하게 되는 역사의 출발지에 선 '믿음의 조상'이 된 것이다.

아브라함의 인생은 한 마디로 하나님의 창조명령을 실현하는 여행의 과정이다. 그는 그런면에서 히브리인의 조상이다. 아브라함은 하나님의 백성들이 생육하고 번성하게 되는 사명과 책임을 위해 꾸준히 짐을 싸고 주저없이 여행길을 나섰다. 결국 그의 인생 여행길을 하나하나 들여다보는 것은 그 과정에서 어떻게 하나님의 창조명령이 실현되어갔는지를 보는 것이다.

 아브라함의 시대

데라(Terah)와 아브라함 일가는 원래 메소포타미아의 두 강, 티그리스와 유프라테스 하류에 있던 유명한 고대 도시 우르(Ur)에서 살았다. 우르는 주전 약 3000년에 이미 수메르인들이 주거지로 개척하여 번성하던 도시였다. 그러나 이 수메르인들의 고대 도시는 북쪽으로부터 내려온 아카드인들에 의해 점령당하고 만

수메르Sumer

수메르는 주전 3천 년 전 메소포타미아 하류에 도시와 문화를 건설한 사람들의 문명을 일컫는 말이다. 이들은 매우 뛰어난 간척 기술과 종교문화, 기록문화 등을 갖고 있었다. 후에 아카드인들이 이들의 문화 특히 문자를 발전시켜 아카드어를 만들었다. 우르남무에 의해 세워진 제3왕조를 끝으로 수메르인의 시대는 끝나게 된다.

다(주전 2333년). 그리고 아카드인들의 나라가 시작되었다. 아카드 왕국은 사르곤 대왕(Sargon the Great, 주전 2333년~주전 2279년)으로 유명한 나라로서 우르는 이 민족이 세운 제국의 번영하는 도시 가운데 하나가 되었다. 우르가 원래 수메르 영광을 되찾은 것은 주전 약 2083년경이었다(구티족의 수메르 왕국). 그리고 주전 2047년 우르는 우르-남무(Ur-Nammu, 주전 2112년~주전 2075년)로 알려진 지도자에 의해 수메르인들의 세 번째 왕조가 열리게 된다. 우르 남무를 이은 술기(Shulgi 주전 2029년~주전 1982년)는 위대한 지도자였다. 그는 메소포타미아의 두 강 남쪽 일대를 정복하고 수메르의 옛 영광을 재현했다. 그러나 수메르인들의 영광은 거기까지였다. 주전 20세기 중반 동쪽 엘람인들의 침략과 남서쪽 아모리인들의 유입으로 메소포타미아 하류 일대는 큰 혼란기에 접어들게 된다. 엘람인들은 우르 일대에 쳐들어와 우르-남무 왕국을 멸망시키고서는 다시 자기들의 땅으로 돌아가 버렸다. 그리고 쳐들어온 아모리인들은 훗날 고(古)바빌로니아의 주축 멤버들이 되지만, 이때는 아직 수메르와 아카드의 문명화된 도시들을 통치할 준비가 되어 있지 않았다. 메소포타미아의 고대도시들은 일대 혼란에 빠져들었다. 말하자면 데라와 아브라함은 이 혼란한 시절 우르의 주민이었다.

한편 메소포타미아와 더불어 당대 인류 문명의 주류를 이루었던 이집트는 이제 막 고왕국 시대(주전 2686년~2181년)에서 일종의 혼란스런 중간기를 거쳐 중왕국 시대로 넘어가는 시점에 있었다. 정치적으로 사회 문화적으로 불안했던 하(下)이집트 헤라클레오폴리스(Heracleopolis)의 제10왕조(주전 ?~주전 2040년)와 상(上)이집트 테베의 신흥 11왕조(주전 2134년~1991년)는 서로 대립했다. 그러나 대립은 오래가지 않았다. 상이집트의 멘투호테프 1세(Mentuhotep I, 주전 2134년경 재위)가 통일 전쟁을 시작한 이래 멘투호테프 2세(Mentuhotep II, 주전 2061년~주전 2010년)가 하이집트의 헤라클레오폴리스를 멸망시키고 국가 통일을 이룬 것이다. 이때로부터 이집트에는 본격적인 중왕국 제11왕조가 시작되었다. 통일된 이집트 중왕국은 멘투호테프 4세를 이은 아메넴헤트 1세(Amenemhet I, 주전 1992년~주전 1962년)의 제12왕조(주전 1991년~1785년)에 이르기까지 안정적인 번영기를 이루게 된다.

메소포타미아가 아직 야만의 티를 벗지 못한 아모리인들의 지배 하에서 혼란을 겪고 이집트가 상대적으로 안정기에 접어 들어가던 기원전 2000년경, 이 두 지역 중간에 놓인 가나안은 신기하게도 일종의 고고학적 공백기에 접어들게 된다. 고대로부터 메소

아브라함시대 메소포타미아, 이집트 그리고 가나안의 역사

	메소포타미아(남부)	가나안과 하나님의 백성	이집트
주전 2500	수메르 고왕국		이집트 고왕국 제5왕조
2400	아카드왕국		
2300			제6왕조
2200	구티왕국(우르2왕조)		제7,8왕조 제9왕조
2100	우르남왕국(우르3왕조)		제1차 중간기
2000	엘람인들의 침입	아브라함 하란과 가나안으로 여행	제10왕조
1900	아모리인들의 이신왕조		이집트 중왕국 제11왕조
1800	아카드인들의 고바빌로니아왕국		제12왕조

*이 시기 메소포타미아중앙과 북부지역은 고앗시리아가 왕국의 틀을 형성하여 발달하고 있었다.

포타미아와 이집트 사이에 이어진 정치 군사 및 경제적 연결도로 ('왕의 대로'와 '해안길')들 가운데 놓인 가나안은 이집트 고왕국와 아카드인들의 메소포타미아 시대에는 번성했던 것이 틀림없다. 그러나 메소포타미아와 이집트가 극심한 혼란의 시기로 접어들면서 이곳은 마치 버려진 지역과 같은 모습을 하게 되었다. 사실 오랜 기간 가뭄과 자연 재해도 심했던 것 같다. 고고학적인 연구에 의하면 약 500여년간 이어진 이 공백 시기 내내 가나안을 포함하는 레반트 일대에는 10만 명도 채 안되는 인구가 거주했을 것이라고 한다.

데라와 아브라함의 하란을 향한 여행, 그리고 아브라함 단독의 가나안으로 향하는 여행은 대충 이런 역사적 정황 속에서 발생했다. 데라와 아브라함 일족은 메소포타미아가 아모리인과 엘람인들에 의해 유린되던 혼란기에 다른 여러 유민들과 함께 상대적으로 안정적인 서북쪽을 향해 여행을 떠난 것으로 보인다. 그런데 이 메소포타미아의 이주민들은 보다 서쪽 가나안으로까지 밀려들었다. 그리고 얼마 지나지 않아 레반트 즉, 가나안 역시 먹고살기 쉽지 않다는 것을 알게 되었다. 유민들의 여행은 결국 이집트까지 이어지게 된다. 아마도 이집트가 이제 막 혼란한 시기를 끝낸 새로운 평화의 땅이 되었기 때문이었을 것이다. 어쨌든 데라

와 아브라함은 이 안정을 갈망하는 이주 행렬과 더불어 하란
(Haran)에 도착했고, 데라는 그 곳에서 죽었다. 우리의 아브라함
은 이곳 하란에서 하나님의 창조명령을 받고 그 생육하고 번성하
여 땅에 충만하게 되는 사명과 책임, 축복의 여행을 시작한다(창
11:32~12:1).

 ## 아브라함의 여정

고대 세계의 가장 유명한 기행 가운데 하나인 아브라함의 여행
은 새로운 정착지를 얻기 위한 것이었다. 그는 새로 얻게 되는 땅
에서 그가 믿는 하나님의 말씀대로 생육하고 번성하려는 참이었
다. 그런데 그 여행은 단기간의 여행일 수 없었다. 아브라함은 우
르를 떠난 이래 그리고 하나님의 구체적인 부르심과 명령과 축복
에 대한 약속이 언급된 이래 아주 오랜 기간 이곳저곳을 떠돌아
야 했다. 아브라함은 오랜 세월 후에도 스스로에 대해 말하기를
"나그네"라 칭하였다(창 23:4). 그러나 나그네 된 삶으로서 아브
라함의 인생은 나그네로 끝나고자 함은 아니었다. 그는 최종적으
로 정착할 땅을 원했고 결국 브엘세바에서 아들 이삭을 본 후에
야 원하던 땅을 얻게 된다. 그리고 그의 땅과 후손의 비전은 이후

성경 이야기들의 중요한 연결고리가 된다.

1. 우르 (Ur, 창 11:26~32)

아브라함(이 때는 아브람)의 아버지 데라는 언제부터인지 고대의 유명한 도시 ① 우르에서 살았다. 성경에 의하면 그와 그 가족은 우르에서 유명한 '달신(the moon-god)'을 섬긴 것으로 보인다(수 24:2). 그러나 우르는 결국 데라와 아브라함 가족에게 적대적인 환경으로 변했다. 엘람인에 이어 아모리인들의 천지가 된 우르는 더 이상 데라의 가족에게 옛 영광과 부를 제공하지 않았던 것이다. 게다가 데라는 그곳 우르에서 아들 하란마저 잃었다(창 11:28). 결국 그는 아들 아브라함과 이곳 이방의 땅 갈대아 우르를 떠나게 된다.

> *갈대아 우르(Ur of the Galdeans)라는 명칭은 사실 역사 복합적이다. 우르는 수메르인들에 의해 3000년전에 세워진 고대도시인 반면 갈대아라는 명칭은 기원전 1000년경 이후 유프라테스와 티그리스 두 강 하류에 와 살기 시작한 아람인의 일족인 갈대아 인들에서 유래했기 때문이다. 갈대아 우르라는 복합 명칭은 어쨌든 후대 바벨론 시대에 성경을 기록하고 편집하는 과정에서 독자들의 이해를 돕기 위해 편집 삽입된 것으로 보인다.

2. 하란 (Haran, 창 12:1~5)

데라와 아브라함은 대부분이 산지인 동쪽 엘람 사람들의 땅(지금의 이란)으로 가지 않았다. 그 곳은 미지의 땅이었다. 대부분이 사막인 서남쪽 아라비아로도 갈 수 없었다. 그 길은 노련한 대상들이나 선택하는 코스였다. 데라와 아브라함이 선택한 길은 결국 당대 이주민들이 일반적으로 선택한 길이었다. 그들은 유프라테스 강과 티그리스 강을 따라 마리(Mari)를 거쳐 밧단아람(Paddan Aram)의 ② 하란에 이르렀다. 하란은 유명한 대상들의 도시였다. 하란은 서쪽의 페니키아로부터 밀려오는 지중해의 물산과 동쪽의 메소포타미아와 엘람 메디아 지역으로부터 들어오는 물산들이 서로 교환되는 도시였다. 도시 생활에 익숙한 데라와 아브라함에게 이 곳 하란은 살만한 곳으로 보였다. 그들은 더 이상 여행하지 않았다. 하란을 정착지로 삼은 것이다. 아브라함은 이 곳 하란에서 아버지 데라의 상(喪)을 치르고 형제인 나홀도 이곳에서 먼저 보냈다. 하나님께서 아브라함에게 개입하신 것은 바로 이 시점이었다. 하나님께서는 홀연 아브라함에게 나타나셔서 "너는 본토 친척 아비집을 떠나라"고 명령하셨다. 하나님께서는 아브라함에게 "너로 큰 민족을 이루고 네게 복을 주어 네 이름을 창대하게 하리니 너는 복이 될지라"고 하시며 창세기 아담과 노아에게 하신 명령과 약속을 재현하셨다. 아브라함은 곧 하나님의 말씀에 순종했다. 그리고 조카 롯과 더불어 서남쪽으로 여행을 떠났다.

3. 세겜 (Shechem, 창 12:6~7)

하란을 출발한 아브라함은 물질적으로 보다 풍족했을 베니게 사람들(페니키아 사람들)이 거주하는 지역이 아닌, 상대적으로 열악하고 분쟁이 잦은 가나안 사람들이 거주하는 지역의 한복판으로 들어갔다. 그는 일단 밧단아람을 벗어나 역시 고대의 유명한 도시 다메섹(Damascus)을 스쳐서 요단강 동편 산지로 들어섰다. 그리고 요단강을 건너 가나안에 들어갔다. 아브라함이 가나안에서 처음 도착한 곳은 ③ 세겜이었다. 아브라함은 이 곳 세겜(Shechem)에서 가나안 사람들이 많이 모여드는 모레 상수리나무 아래에 장막을 쳤다. '모레(Moreh)'라는 말은 '가르치다'라는 의미를 갖고 있으며 상수리나무는 일반적으로 신탁을 받는 곳으로 알려져 있다. 결국 아브라함이 가나안 땅에 들어와 처음 정착한 곳은 종교적으로 매우 의미 있는 곳이었다. 아브라함은 이곳에서 스스로 제단을 쌓고 하나님께 예배를 드렸다. 그러나 아브라함은 하나님께서 그곳을 주리라고 약속하셨으나 지금 당장 그 세겜에 완전히 정착할 수 없었다. 그는 곧 장막을 거두고 다른 곳으로 거처를 옮겼다.

> **세겜이 중요하다**
> 구약성경에서 세겜은 종교적인 면에서 그리고 정치적인 면에서 중요한 위치에 있다. 아브라함은 이곳을 가나안 첫 기착지로 삼았고 야곱 역시 이곳을 중요한 거점으로 활용했다. 여로보암은 이곳 세겜에서 북 이스라엘을 시작했다. 예수님 역시 이 곳에 들르셨다. 그리고 사마리아 여인을 만나셨다.

4. 벧엘 (Bethel, 창 12:8~9)

세겜을 떠난 아브라함은 조금 남쪽의 ④ 벧엘 근처에 장막을

아브라함의 여정과 고대의 국가와 지명들

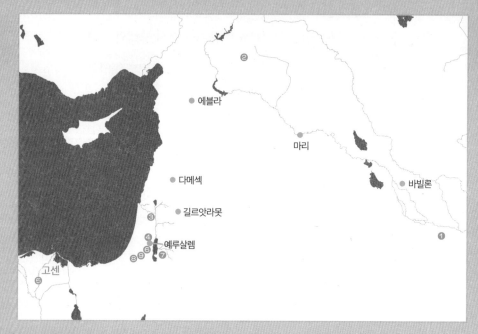

1. 본문의 지명 중 번호가 매겨진 부분을 찾아 지도와 확인한 후 아래의 빈 칸을 채워봅시다.

❶	❷	❸
❹	❺	❻
❼	❽	❾

2. 성경지도를 참고하여 아브라함의 여행경로를 화살표로 연결해봅시다.

쳤다. 사실 아브라함 시절에 벧엘은 종교적으로나 정치적으로 혹은 사회문화적으로 특별한 의미를 갖지는 않았던 것으로 보인다. 벧엘은 오히려 아브라함의 손자 야곱이 밧단아람으로 도망하던 중 잠시 묵으며 돌베게를 베고 잠을 자다가 환상을 보았던 곳으로 유명해진 곳이다. 벧엘은 그래서 아브라함 시절의 명칭이라기보다는 이후 주어진 이름으로 보아야 한다. 그래서인지 성경은 아브라함이 벧엘이라 불리는 곳 동편 산, 역시 후일에야 이름을 얻게 되는 아이(Ai) 사이에 장막을 쳤다고 기록하고 있다. 흥미롭게도 아브라함은 이곳에서 드디어 여호와(Yahweh)의 이름을 부르기 시작했다. 아브라함은 이제 하나님을 섬기는 사람으로서 공공연한 삶의 형식과 내용을 갖기 시작한 것이다. 그런데 이곳 벧엘 주변 역시 아브라함에게는 살기가 어려운 곳이었다. 그는 살만한 곳을 찾아 다시 남쪽으로 이동했다. 아브라함의 이동은 아무래도 당대 가나안의 척박한 현실을 반영하고 있는 것으로 보인다(창 12:10). 그는 한 집안의 가장으로서 하나님께서 주시겠다고 약속하신 땅보다는 당장 먹고 살만한 곳을 지향했다. 그는 계속해서 남쪽으로 이동했고 결국 당대의 먹고 살만한 안정적인 땅 애굽에 이르렀다.

5. 애굽 (Egypt, 창 12:10~20)

아브라함은 당대의 안정과 평화의 땅, 나일강의 풍요로움이 가득한 ⑤ 애굽에 도착했다. 이 때 애굽에 도착한 것은 사실 아브라함뿐이 아니었다. 그 당시 메소포타미아의 혼란한 현실을 벗어나 새로운 거주지를 찾아 여행을 떠난 사람들은 결국 최종 목적지를 애굽으로 정했다. 애굽에 도착한 아브라함은 한 가지 특이한 행동을 한다. 그는 누이이기도 한 아름다운 아내 사라(사래)의 존재를 감춘 것이다. 그는 사라에게 자신의 아내라고 말하지 말라고 했다. 애굽 사람들이나 힘 있는 사람들이 아내의 아름다움을 보고서 아내를 빼앗아 갈 때 혹여 자신에게 해를 가하지 않을까 싶어서였다. 실제로 애굽 사람들은 아브라함의 아내 사라의 아름다움을 찬양하며 그를 왕궁으로 이끌어갔다. 무엇보다 아브라함이 사라를 아내가 아닌 누이라고 한 탓에 그들은 별 생각 없이 아브라함의 여인을 왕 앞으로 데려갔다. 왕도 역시 사라의 아름다움에 반했다. 그리고 사라를 자신의 왕궁에 두고자 했다. 아브라함에게는 재물을 두둑이 챙겨주었다. 다행히 하나님께서는 애굽의 바로에게 경고하셔서 아브라함의 아내 사라를 취하지 말라고 하셨다. 바로는 즉시 아브라함의 아내를 풀어주고 아브라함에게 쥐어준 재물과 더불어 그곳을 떠나라고 명령했다. 이 사건은 하나님께서 세우신 약속과 명령 앞에서 한 인간이 얼마나 나약해 질

수 있는지를 보여준다. 하나님 편에서 보면 모든 이들의 아비가 될 아브라함도 중요하지만 역시 모든 이의 어미가 될 사라 역시 중요했다. 결국 아브라함은 하나님의 섭리 덕분에 사라와 더불어 무사히 애굽을 빠져나올 수 있었다. 애굽은 안정적인 땅이었다. 그러나 하나님의 사명을 품은 이들에게는 위험한 땅이기도 했다.

6. 헤브론/소돔 (Hebron/Sodom, 창 13:18)

애굽에서 약속이 파기될 위기를 경험한 아브라함은 다시 가나안으로 돌아왔다. 그가 다시 정착한 곳은 사해 옆 가나안 산지 남부의 ⑥ 헤브론이었다. 그의 헤브론 정착은 매우 의미가 깊다. 헤브론은 이제껏 아브라함이 여행 내내 선택했던 도시들과 그 인근 장소들과는 전혀 다른 곳이었다. 일단 그의 조카 롯은 살기 편안한 도시를 선택했다. 그러나 아브라함은 롯과 반대되는 다소 척박하고 살기 어려운 곳을 선택했다. 롯이 당대의 유명한 도시 ⑦ 소돔을 선택한 반면 그는 헤브론 산지에 장막을 친 것이다. 하나님께서는 믿음 아래 영적으로 의미 있는 선택을 한 아브라함을 다시 축복하시며 자손이 그 땅에서 번성하고 충만하리라 약속을 재확인하신다(창 13:14~18). 아브라함은 이후 가나안 일대의 국제 분쟁에 휘말린 롯을 구하는 과정에서 단번에 지역의 권세자로 등극할 수 있는 기회를 얻기도 했다. 그러나 그는 악한 사람들이 모여 사는(창 13:13) 소돔의 왕이 제안한 자리를 멀리했다(창 14:21~24). 그는 점차 하나님의 약속을 믿고 살아가는 사람으로서 바른 모습을 보이기 시작했다. 애굽 사건 이후 아브라함은 확실히 변했다. 그렇다고 아브라함이 온전한 믿음의 사람이 된 것은 아니었다. 그는 여전히 번성하는 민족의 아버지가 될 증거로서 자식을 얻지 못했다.

*소돔(Sodom)은 고고학적으로 모호한 곳이다. 구약성서에서 소돔은 자매도시인 고모라와 같이 빈번하게 등장한다. 소돔이라는 도시 이름의 근원은 잘 알려져 있지 않지만 어원을 볼 때 '불타는 곳'이라는 의미를 갖는다. 반면 고모라는 '홍수난 곳'이라는 의미. 소돔은 사실 가나안 남부의 다섯 도시(pentapolis)들과 더불어 유명했다. 창세기 14장 2절에 등장하는 소돔, 고모라, 아드마, 그보임 그리고 소알 등이다. 소돔이 실제로 어디에 있었는지는 고고학적으로 그리고 역사적으로 모호하다. 그러나 사람들은 다섯 도시가 대체적으로 사해 남부 주변에 포진하고 있었을 것으로 생각한다. 소돔은 구약성서와 유대 문헌들에서 언제나 멸망을 상징하는 대표적인 곳이었다.

7. 그랄 (Gerar, 창 20:1~18)

하나님의 사자들에 의해 소돔이 멸망하는 사건을 겪고 하갈에게서 이스마엘을 얻은 뒤 아브라함은 다시 이동하여 헤브론보다 훨씬 남쪽 네게브(Negeb) 사막과 가까운 곳, ⑧ 그랄에 정착하게 된다. 놀랍게도 이곳에서 아브라함은 아내 사라와의 신의, 사라와 함께 이루어야할 큰 민족의 비전을 확신하지 못하는 약한 모습을 보인다. 그는 그랄의 블레셋 왕 아비멜렉 앞에서 다시 아내 사라를 누이라고 말했고 아비멜렉은 애굽의 바로가 그랬던 실수를 또다시 반복하게 된다. 결국 하나님께서 다시 이 일에 개입하셨고 아비멜렉은 이 일로 큰 곤경을 경험하게 된다. 아브라함은 거듭되는 하나님의 약속 확신 요구에도 불구하고 끊임없이 고민하고 갈등하며 의심하는 자세를 그의 믿음의 여정 내내 병행하여 품고 있었다.

8. 브엘세바 (Beer-Sheba, 창 21:22~34)

하나님께서 드디어 아브라함과 사라에게 아들을 허락하셨다. 그렇게 얻은 귀한 아들 이삭은 이후 하나님 백성들이 번성하여 땅에 충만하게 되는 비전의 중요한 기점이 된다. 아브라함은 아들 이삭을 얻은 후 확연하게 달라진 행보를 시작한다. 특별히 그는 그랄에서 얻은 샘을 지키며 더욱 자신의 땅에 대한 주권 행사에 관심을 보였다. 샘을 얻는 일이 쉽지 않은 네게브 인근 지역에서 아브라함이 샘을 얻자 그곳 블레셋 출신 목동들과 자주 충돌하는 일이 일어났다. 이전의 아브라함 같으면 그 곳 권세자들과의 분쟁을 피하여 발 빠르게 다른 곳으로 장막을 이동했을 것이다. 그는 그때까지 언제나 그런 식이었다. 그러나 이번에는 달랐다. 그는 이제 하나님께서 허락하신 이 땅 가나안에 영원히 거주하려는 의지를 숨기지 않는다. 아브라함이 샘에 대한 소유권을 강력하게 주장하자 블레셋의 왕 아비멜렉 역시 그를 존중해 주었다. 그들은 그 곳에서 언약을 맺게 되는데 그렇게 주어진 이름이

브엘세바 Beer-Sheba
맹세의 우물이라는 뜻이다. 아브라함이 아비멜렉과 조약을 맺은 곳이다. 이 조약이후 아브라함은 비로소 가나안의 나그네가 아닌 가나안의 정착민으로 살아가게 된다.

바로 ⑨ '브엘세바'이다. 아브라함은 이곳 브엘세바로부터 드디어 하나님의 약속을 믿고 하나님의 백성들이 그 주어진 땅 가운데서 번성하여 충만하게 되는 역사를 위해 달려가는 하나님의 사람이 되었다.

Maxims 약속과 의심, 그리고 믿음

아브라함의 평생 여행은 세 가지 단계로 나누어 볼 수 있다. 첫째는 하나님의 약속을 받고 여행을 출발하는 단계이며(창 12:1~3), 둘째는 하나님의 약속 실현이 더뎌지는 과정에서 의심하는 가운데 여행을 계속하는 단계이고(창 15:1~5), 셋째는 약속이 실현되고 믿음의 조상으로서 굳건하게 서게 되는 단계이다(창 21:1~7, 22~34). 신약성경은 아브라함의 굳건했던 믿음의 여정을 근거로 그를 모든 하나님 백성의 조상이라고 일컫는다(눅 16:22, 19:9, 요 8:39, 히 11:8,9). 아브라함은 하나님의 백성으로서 세상 조건과 상황, 이 땅의 권세들에 의지하지 않고 오직 하나님께서 약속하신 것을 믿으며 나그네로서의 삶을 살았던 사람이었다. 아브라함의 자손으로서 그리스도인 역시 여행자 아브라함을 닮아 있다. 그리스도인은 하나님의 구원과 축복의 약속을 믿으며 이 땅에 대한 기대감 보다 하나님 약속에 대한 기대감으로 순례하듯 여행하는 나그네의 삶을 살아가는 사람들이다. 오늘 하루 아브라함의 자손으로서 나의 나그네됨을 진지하게 생각해 보고 아브라함을 닮는 참 신앙의 길에 대해 생각해 보도록 한다.

Q 이 과를 통해 새롭게 알게 된 것은 무엇입니까? 기록해 봅시다.

Q 이 과를 통해 배우고 깨달은 바를 적어보고 가족이나 친구, 동료들과 나누어봅시다.

TBM성경지리공부시리즈

BIBLE TRAVEL

02

이스라엘 백성의 출애굽 여정

이스라엘이 하나님의 부르심을 받고
제사장의 나라로 세움 받아
세상 가운데 서게 되는 여정을 배웁니다.

요셉이 총리대신이 되고 야곱과 그 일가는 아브라함 시대를 이어 여전히 살기 어려운 가나안을 벗어나 좀 더 안락한 애굽으로 삶의 터전을 옮기게 된다. 창세기에 의하면 그 이동은 가나안에 보다 더 어려운 시기가 닥쳐올 것을 대비한 하나님의 계획의 일환이었다(창 45:5). 하나님께서는 이곳 애굽 땅에서 야곱의 가족을 기근으로부터 구원하셨을 뿐 아니라 큰 민족이 되게 하셨다. 아마도 이것이 야곱과 그 일가가 애굽으로 이동한 진짜 이유였을 것이다(창 46:3). 하나님께서는 당신의 백성들이 이 땅 가운데 생육하고 번성하는 계획을 구체적으로 실천하셨다. 그리고 실제로 이스라엘은 성인 남자만 60만 명이 넘은 큰 민족이 되었다. 이제 그들은 그들에게 모판과도 같던 애굽 땅을 떠나 하나님의 비전을 실현하기 위한 여행길을 시작하고 있다.

 제사장의 나라가 되라

야곱의 가족들은 요셉의 안내를 따라 애굽에 정착했다. 그리고 그 이방 땅에서 번성했다(출 1:7). 창세기 1장 속 하나님의 명령과 약속이 크게 실현된 듯 보였다. 그런데 문제가 생겼다. 번성하는 이스라엘의 자손들을 애굽 사람들이 싫어하게 된 것이다. 드디어는 요셉을 알지 못하는 파라오(성경의 바로)가 등장하여 하나님의 백성들을 핍박했다. 그는 이스라엘 사람들을 자신들의 '국고성' 짓는 일에 몰아세웠다(출 1:10~11). 그래도 이스라엘의 생육과 번성이 그치지 않자 파라오는 그들을 더욱 가혹한 노동에 몰아 세웠다. 그리고 모든 이스라엘 자손의 사내 아이들을 죽이라는 잔인한 명령을 내렸다(15~16). 이스라엘은 신음했다. 결국 하나님께서는 모세를 통하여 이스라엘을 구원하시기로 했다.

하나님께서는 이스라엘에게 구원자(goel, savior)가 되셨다. 하나님께서 "나는 스스로 있는 자(I am who I am)"라고 표현하신 것은 스스로 당신의 백성들의 구원자이심을 선언하신 것이다(출 3:14). 고난 받는 내 백성의 신음소리를 듣고 행동에 나선 하나님의 모습을 적절하게 보여주는 말이다. 하나님께서는 그렇게 이스라엘을 정치적, 경제적, 사회적 고초로부터 구원하시는 하나님이 되셨다(출 6:6). 하나님께서는 애굽의 신들을 모두 이기시고, 이스라엘을 애굽 바로의 '노예 상태(aboda, 출 1:14)'로부터 벗어나게 하신 후, 하나님을 '예배하는 삶(aboda, 출 8:1)'으로 이끌어 내셨다. 하나님께서는 "내가 애굽에 있는 내 백성의 고통을 분명히 보고 그들이 그들의 감독자들로 말미암아 부르짖음을 듣고 그 근심을 알고 내가 내려가서 그들을 애굽인의 손에서 건져내고 그들을 그 땅에서 인도하여 아름답고 광대한 땅, 젖과 꿀이 흐르는 땅 곧 가나안 족속, 헷 족속, 아모리 조속, 브리스 족속, 히위 족속, 여부스 족속의 지방으로 데려가려 하노라"고 하신 모든 것을 친히 이루셨다(출 3:7~8).

십계명을 깨뜨리는 모세(베를린회화미술관, 램브란트, 1656)

출애굽 구원의 여정은 하나님의 자기 백성 세우기 프로젝트와 같은 것이었다. 먼저, 하나님께서는 이스라엘을 세상 구원의 대리적 사명자로 세우기 위해 구원해 내셨다. 그리고 하나님께서는 이스라엘 백성들과 시내산 언약을 세우시면서 그들이 세상 모든 나라와 사람들, 피조물에 대하여 제사장 나라의 사명을 감당하도록 하셨다(출 19:4~6). 이스라엘이 제사장의 나라가 된다는 것은 이스라엘을 그 모든 현실적 고통의 순간으로부터 이끌어 내신 하나님 구원의 궁극적인 목적이다. 하나님께서는 이스라엘이 세상 모든 불의함에 대하여 하나님의 구원을 선포하고 하나님의 구원을 이루는 대리자 역할을 감당하기를 원하셨다. 그러나 이스라엘은 하나님께서 그 언약을 세우시고 그 증거로 돌판에 계명을 새겨 모세의 손에 들려지자마자 우상숭배에 빠져들었다(출 32:15~20). 안타깝게도 이스라엘의 불순종과 제사장 나라로서의 자기에 대한 몰인식은 이후에도 계속되었다.

시내산
구약성경에서 시내산은 중요하다, 호렙이라고도 부른다. 이곳에서 모세는 하나님을 만났고 이스라엘은 십계명과 율법을 받았다. 엘리야 역시 이곳에 와서 선지자 사역 후반의 지침을 얻었다.

하나님께서는 나아가 세상을 향한 중보자로서 이스라엘이 거룩하여 구별된 존재가 되도록 하셨다(레 19:2). 하나님께서는 이스라엘을 "거룩한 나라요 제사장"으로서 세우시기 위해 그에 합당한 종교적, 사회적 삶의 방식을 세우셨다. 이스라엘은 하나님을 예배하고 그 뜻에 순종하는 삶의 바른 질서 위에 서 있어야 했다. 하나님께서는 우선 하나님의 임재소로서 성소를 만들게 하시고 그 곳에서 이스라엘을 다스리셨다(출 25:22). 나아가 하나님께서는 이스라엘의 종교적이고 사회적인 삶의 규례들을 정하시고 제사장 나라로서의 구별된 삶을 세우셨다. 그것은 먼저 율법에 대한 바른 이해를 세우는 일이고(레 10:11, 신 33:10), 거룩하여 구별된 삶 가운데 바른 예배(제사) 드리는 삶을 세우는 일이었다(레 19:2, 레 1~7장). 이스라엘은 이렇게 율법과 종교적 규례에 대한 바른 이해를 통해 세상을 중보하는 백성으로서 열방을 하나님께로 인도하기 위한 구별되어 바른 삶을 영위해야 했다.

마지막으로 하나님께서는 이스라엘이 광야에서 꾸준히 불순종했음에도 부름 받은 백성의 규모를 유지하셨다. 하나님의 거룩한 제사장 나라로서 정체성과 그 삶의 방식을 세운 이스라엘이 시내광야를 출발하여 가나안에 입경하기 전 하나님께서는 출애굽한 이스라엘을 계수하도록 하시고 그 계수된 백성들을 율법의 거룩함과 질서로 바르세 세우신다(민 1:1~10:10). 출애굽한 이스라엘 백성 수(레위인을 제외한 남성만 603,550명, 민 2:32)를 세는 일은 매우 중요한 의미를 지닌다. 하나님께서 어떻게 그들을 애굽 땅에서 번성하게 하셨고 또 그 어려운 출애굽의 광야 여정에서 어떻게 안전하게 그들을 인도하셨는지는 그 규모 유지에서 알 수 있는 것이다. 문제는 이들이 바란 광야의 가데스바네아에서 가나안으로 정탐꾼을 보낸 후 일어난 불순종이었다(민 13:2, 14:2~10). 결국 이 일로 인해서 하나님께서는 출애굽 세대 가운데 20세 미만의 젊은이들과 여호수아 그리고 갈렙을 제외한 모든 이들의 가나안 입경을 불허하시고 그들을 모두 멸하시고 만다(11~30). 결국 출애굽 세대는 가데스에서 싯딤에 이르는 여정에서 각종 질병과 전쟁, 그리고 불뱀 등의 사건으로 모두 죽고 만다. 그러나 하나님께서는 새로운 세대를 일으키셔서 그들에게 가나안 입경을 허락하셨는데 그 숫자가 레위인을 제외하고 601,730명이었다(민 26:51, 26:65). 아브라함이래로 이스라엘에게 주어진 생육하여 번성하고 땅에 충만하는 일은 그침 없이 계속되었다. 새로운 이스라엘은 이제 가나안에 들어가 창세기 1장 28절과 출애굽기 19장 4~6절의 비전과 사명을 실현해야 한다.

출애굽 시대 국제 정세

출애굽이 실제로 발생한 시기에 대해서는 두 가지 견해로 갈린다. 하나는 주전 15세기설이고 다른 하나는 주전 13세기설이다. 이 두 가설은 나름 역사적 추론의 정당성을 가지고 있으며 각자의 고고학적 전거들도 마련되어 있다. 그래서 최근 학자들은 출애굽 사건이 두 차례에 걸쳐 발생한 것으로 조심스럽게 의견을 개진하기도 한다. 일단 여기 『성경여행』에서는 13세기설을 근거로 역사와 지리 배경을 설명하고자 한다.

요셉과 야곱의 자손들이 애굽에 들어가 살던 시기, 애굽은 안정적이고 매우 발전했던 중왕국 제 12왕조의 시대를 지나고 있었다(주전 1991년~1882년). 그러나 애굽의 안정된 시간들은 오래 가지 않았다. 애굽은 곧 혼란스럽게 이어진 13왕조와 14왕조시대를 지나 제2중간기, 제15왕조에서 17왕조의 시대로 이어지고 있었다(주전 1650년~1550년). 중왕국시대부터 이집트에는 힉소스(Hyksos)라 불리는 일단의 집단이 대거 이주해 들어왔다. 역사적 연구에 따르면 힉소스는 동쪽 메소포타미아의 혼란을 피해 이동한 사람들로 보이는데, 상당수가 메소포타미아의 발달된 문명 기술을 가진 사람들이었다. 이들은 일단 철기를 잘 다룰 줄 알았고, 그 철기를 이용하여 당대의 다양한 기술적인 기자재들을 만들어 낼 줄 아는 사람들이었다고 한다. 이들은 특히 벽돌을 만들어 성벽을 축조할 줄 알았던 사람들이었으며, 이들의 기술적인 흔적은 가나안과 이집트 고고학 발굴 곳곳에서 나타나고 있다. 그런데 놀랍게도 이들 힉소스인들은 이집트 중왕국기 마지막 14왕조를 뒤집어엎고 그들의 새로운 왕조(15왕조, 주전 1650년~1550년)를 건설했다. 중간기 대부분을 차지한 왕조는 15왕조였으며 같은 힉소스인들이 세웠으나 오래가지 못한 왕조가 16왕조였다. 결국 연구자들은 아브라함이나 그 아들 야곱, 그리고 요셉은 모두 이 힉소스의 일부였을 것으로 보는 견해를 보이기도 한다. 그 가운데 요셉은 당대 이집트 문명에 새로운 기술적, 지식적 바람을 일으킨 것으로 보인다.

이후 힉소스는 그들과 경쟁하던 상이집트의 제17왕조에게 멸망하고 만다(주전 1580년~1550년). 17왕조는 하이집트의 힉소스를 무너뜨리고 이집트를 다시 통일한 후 제2중간기를 끝낸 뒤 18왕조의 신왕국 시대를 열었다(주전 1550년~1293년). 소년왕

출애굽시대 이집트, 메소포타미아 그리고 가나안 역사

주전	이집트	가나안과 하나님의 백성	메소포타미아
1800	이집트 중왕국 제13왕조		혯타이트왕국 (엘람)
1700	제14왕조		
1600	제2과 중간기 제15 힉소스왕조 / 제16왕조	요셉의 활동	미타니왕국
1500	이집트 신왕국 제17 힉소스왕조 / 제18왕조		카시트왕국
1400			고앗시리아왕국
1300	제19왕조	모세와 이스라엘의 출애굽 / 여호수아와 이스라엘의 가나안 진입	
1200	제20왕조	블레셋의 유입	고앗시리아왕국
1100			

*이 시기 가나안은 통일왕국 없이 여러 부족들의 나라들로 흩어져 있었다.

투탕카멘(Tutankhamun, 주전 1361년~주전 1352년 재위)으로 유명한 18왕조는 그러나 이집트 신왕국 시대 진정한 황금기를 펼치지는 못했다. 오히려 이집트 전체 역사에서 가장 위대했다고 말하는 영광은 19왕조에게 넘기게 된다(주전 1293년~1185년). 이 19왕조에서 우리는 출애굽 사건의 단초가 되는 람세스 2세 (Rameses II, 주전 1279년~주전 1213년 재위)를 만나게 된다. 어쨌든 신왕국 18왕조와 19왕조의 파라오들은 성경 출애굽기가 말하는 요셉을 모르는 즉, 요셉의 힉소스를 멀리하고 오히려 파괴해버린 세대들이라고 볼 수 있다(출 1:8). 예측할 수 있는 바, 18왕조는 이집트내에서 힉소스인들을 몰아내는 일에 몰두하고 19왕조 파라오들은 힉소스 유민들을 괴롭히고 노예화한 것으로 보인다. 이 때 이집트에는 아피루(apiru, 성경의 히브리와 관련이 있는 단어)라는 일종의 사회학적인 하층민이나 노예계층을 표현하는 단어가 등장하게 된다.

아피루Apiru
출애굽이 있던 시절 즈음 고대 이집트에서 주로 하층민에게 사용하던 말이다. 일반적으로 이 말에서 히브리가 나왔다고 한다. 이스라엘은 이집트의 하층민이거나 노예였다는 것이다.

이 시기 메소포타미아는 북쪽에 아나톨리아(지금의 터키일대) 아울러 아람일대를 지배하던 힛타이트 왕국(Hittite, 기원전 18세기~기원전 10세기경)과 메소포타미아 중북부를 지배하던 미타니 왕국(Mitanni, 기원전 1500년경~기원전 1200년경) 그리고 그 뒤편에 이제 막 세력을 확장하기 시작한 고앗시리아 왕국(Old

Assyria, 주전 1450년~1393년) 및 중앗시리아왕국(Middle Assyria, 주전 1392년~1056년)이 서로 경쟁하고 있었다. 한편 메소포타미아 하류에는 카시트인(Kassite, 주전 1600년~1155년)들이 바벨론을 중심으로 왕국을 형성하고 있었으며 그 옆 지금의 이란 지역에는 오래전부터 엘람인(Elamites, 주전 2700년~539년)들이 독자적으로 왕국을 형성하여 지역을 지배하고 있었다. 한 마디로 메소포타미아에는 아직 절대적인 패권을 형성한 나라가 없었던 시절이었다. 메소포타미아는 아직 군웅이 할거하는 혼란기였다. 당대의 절대적인 패권을 쥐고 주변에 영향력을 끼치고 있던 나라는 아무래도 이집트 신왕국의 19왕조였다.

앗수르
역사에서 앗시리아라고 불리는 이 나라는 아브라함이 활동하던 시절부터 있었다. 주로 메소포타미아 중북부에 위치했다. 고왕국과 중왕국 그리고 신왕국시대로 나뉜다. 북이스라엘을 멸망시킨 나라는 신앗시리아제국이다.

한편, 이집트 신왕국 19왕조와 20왕조가 흘러갈 무렵인 주전 12~11세기경 가나안 남부 지중해안가에는 블레셋 사람들(Philistias)이 지중해 에게해로부터 이주해 내려와 정착했다. 그들은 매우 호전적이어서 이집트 사람들에게도 큰 골칫거리였다. 왜냐하면 그들이 정착한 곳이 국제적인 군사도로인 '해안길(Via-Maris)' 한복판이었기 때문이다. 다른 한편으로 국제적인 무역로가 발달해 있던 요르단 동편 '왕의 대로(King's Highway)'에는 아래쪽 홍해 근처에 에돔인들이, 세렛 시내로부터 아느론 골짜기까지는 모압 족속이, 그리고 그 위로는 아모리인들과 암몬인들이 차지하고 있었으며, 그 위로는 바산 사람들이 헬론산으로부터 길르앗 지역을 국가 형태를 띠고 정착해 있었다. 그러나 정작 가나안 본토에는 하나의 통일된 왕국은 없었다. 그곳에는 헷 족속과 기르가스 족속과 아모리 족속과 가나안 족속과 브리스 족속과 히위 족속과 여부스 족속 등(신 7:1)의 여러 도시국가들이 발달하여 각자 애굽이나 주변 열강에 기대어 살고 있었다.

 이스라엘 백성의 출애굽 여정

이스라엘의 출애굽 여정은 쉬운 것이 아니었다. 하나님께서는 비교적 쉽지만 군사적인 충돌이 자주 예상되는 해안길이 아닌 홍해와 시내산과 각종 광야길을 선택하셨다. 이것은 참 하나님의 백성을 위한 구별과 선별의 길이었다. 그리고 하나님의 백성을 온전한 하나님의 백성된 삶으로 인도하는 훈련의 여정이었다. 출애굽 40여년의 여정은 바로 구원과 세움이라는 두 가지 여정이라고 볼 수 있다. 결국 이스라엘의 출애굽 여정은 하나님의 세상 구원 모델의 전형이라고 보아도 무방하다. 하나님께서는 이스라엘을 구원하셔서 시내산까지 인도하신 후 그 곳에서 하나님의 율법을 아는 백성으로 만드셨고 다시 그들을 가나안으로 인도하는 가운데 하나님의 거룩한 백성의 삶을 가르치셨다. 오늘도 마찬가지이다. 하나님께서는 죄악된 세상에서 신음하는 당신의 사람들을 강권적인 역사로 구원하신 뒤 그들을 다시 세상 구원을 위한 중보하는 제사장의 삶으로 세우신다.

1. 라암셋 혹은 고센 (Rameses or Goshen, 출 1:11)

힉소스 시대였던 이집트 제15왕조와 16왕조는 나일강 삼각주 동쪽 비옥한 땅에 아바리스(Avaris)라고 불리는 그들의 수도를 건설했다. 도시는 힉소스 시대의 문화를 그대로 반영했는데, 훗날 이집트 원주민이었던 18왕조가 들어서면서 도시는 파괴되고 말았다. 그러다 19왕조 람세스 2세 때 들어 도시는 라암셋(Pi-Rameses)이라는 이름으로 재건되었다. 물론 힉소스 것을 철저하게 부정하는 방식이었다. 라암셋은 성경의 표현으로 ① 고센이며 이 땅에 이스라엘 백성들 대부분이 살았다(창 47:27). 람세스 2세는 그 고센 주변에 라암셋 등 국가의 부를 축적하는 국고성 도시를 지었으며 자신의 신도시 건설에 히브리라 불리며 천대받는 이스라엘 백성들을 동원했다(출 1:11~14). 하나님께서 애굽에 재앙을 내리실 때, 특히 유월절의 재앙이 임했을 때 이 곳 고센에는 그 영향이 미치지 않았다.

출애굽의 여정과 주변 국가

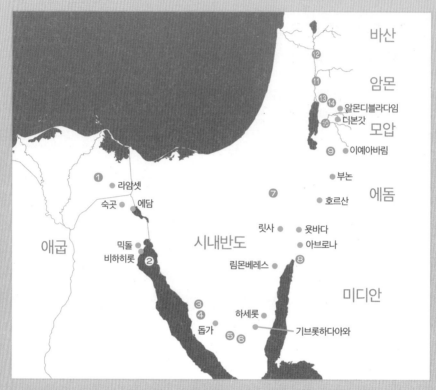

바산

암몬

⑫

⑪

⑬⑭ ● 알몬디블라다임

⑩ ● 디본갓

모압

⑨ ● 이예아바림

● 부논

● 라암셋

⑦

● 호르산

에돔

숙곳 ● 에담

릿사 ● 욧바다

애굽

믹돌 ●

시내반도

● 아브로나

비하히롯

②

림몬베레스 ●

⑧

미디안

③

하세롯 ●

④

기브롯하다아와

돕가

⑤⑥

1. 본문의 지명 중 번호가 매겨진 부분을 찾아 지도와 확인한 후 아래의 빈 칸을 채워봅시다.

❶	❷	❸
❹	❺	❻
❼	❽	❾
❿	⓫	⓬
⓭	⓮	

2. 성경지도를 참고하여 이스라엘 백성의 출애굽 경로를 화살표로 연결해봅시다.

2. 홍해 (Red Sea, 출 14:1~3)

② 홍해는 인도양에서 아프리카 대륙과 사우디아라비아를 가르며 들어와 시나이반도를 삼각형 모양으로 가르는 바다를 일컫는다. 바닷속에 붉은색 해초가 많이 자라 물빛이 붉게 보인다 해서 홍해라고 이름 붙여졌다. 하나님께서는 이스라엘을 애굽에서 이끌어내신 후 고대의 유명한 해안길(via-Maris)을 통해 가나안으로 들어가도록 하시는 대신 광야를 지나 이 홍해와 믹돌 사이의 비하히롯 앞 곧 바알스본 맞은편 바닷가에 이스라엘을 정착하도록 하셨다. 이 바닷가는 오늘날 수에즈만으로 불리는 홍해의 끝자락이었다. 이 때 람세스 2세는 이스라엘이 이 막다른 바닷가에 있다는 이야기를 듣고 군대를 풀어 이스라엘을 다시 잡아오도록 명령했다(출 14:3~9). 그러나 하나님께서는 이곳에서 홍해를 갈라 길을 내시고 이스라엘을 건너게 하신 뒤 애굽의 군대는 그대로 홍해의 물속에 수장시켜 버리셨다(27~28).

3. 신광야 (Desert of Sin, 출 16:1, 17:1)

홍해를 건넌 이스라엘은 삼일을 걸어 처음 ③ 마라라는 곳에 진을 쳤다. 그들은 그 곳 샘물을 마시게 되었는데 처음에는 너무 써서 마실 수 없었다. 모세는 그 샘의 바위를 쳐서 다시 물을 먹을 만 한 것으로 바꾸어 주었다(출 15:22~26). 이후 이스라엘은 다시 진을 옮겨 ④ 엘림에 도착했다(15:27). 이스라엘은 다시 이동하여 시내산 근처 신 광야에 도착했는데, 이 때 백성들은 하나님과 모세에게 본격적으로 불평하기 시작했다(출 16:1~3). 그 많은 사람이 먹고 마실 것이 없는 곳이었기 때문이다. 그들은 차라리 애굽에 있었으면 굶어 죽지는 않았을 것이라고 외쳤다. 결국 하나님께서는 이곳에서 처음 이스라엘에게 만나를 베풀어주셨다(16:11~20). 이후 이스라엘은 가나안에 들어가 첫 수확물을 거둘 때까지 하루도 빼놓지 않고 내려주신 만나를 먹으며 출애굽 행진을 이어갔다. 이후 이스라엘 백성은 ⑤ 르비딤에서 한 번 불평을 더 하고 그리고 그 곳에서 아말렉과 전투를 벌였다(출 17:8~13). 모세는 아말렉에게 이긴 후 이 곳에 제단을 쌓고 그 제단의 이름을 여호와 닛시 즉, 하나님께서 그 백성을 불러 모으시고 그 백성은 그 승리의 증인이 되었다는 의미를 부여했다(15).

4. 시내산 (Mount Sinai, 출 19:1~2)

르비딤에서의 전투에서 승리한 후 이스라엘은 드디어 ⑥ 시내산 아래에 도착했다. 이곳에서 이스라엘은 드디어 하나님의 거룩한 제사장의 나라로 세움을 받고 그리고 십계명과 율법을 얻었으며, 성막(the tabernacle)을 만들게 된다. 이스라엘은 이곳에서 하나님의 백성으로서 바른 종교적 삶과 윤리적 기준을 세우게 된다. 그러나 모세가 다시 하나님의 부름을 받고 산에 올라가 거기서 모든 율법의 사항들을 전수받고 그 핵심이 새겨진 십계명을 돌판에 새겨 내려왔을 때 송아지로 우상을 만들어 섬기는 잘못을 저지르게 된다(32:1~20). 결국 모세는 하나님의 명을 받아 새로운 십계명 돌판을 만들게 되고 하나님께서는 이스라엘이 보다 더 열심을 품어야 할 우상숭배에 관한 계명과 영적 간음에 대한 계명들을 강조하여 말씀하셨다. 이에 이스라엘은 하나님 앞에 다시는 범죄하지 않으리라는 다짐을 하고 하나님께서는 이스라엘에게 당신과의 만남의 장소인 회막 즉, 성막을 최종적으로 허락하신다(출 40). 시내산의 위치는 생각보다 논쟁적이다. 몇가지 주장이 있는데 하나는 시내산이 홍해를 건넌 바로 앞 장소라는 것이며, 다른 하나는 현재 기독교와 이슬람, 천주교 등이 모두 시내산이라고 믿는 시나이반도 중앙의 제벨 무사(Jebel Mussa)이다. 북동쪽에 있다는 주장이 있기도 한데, 다른 유력한 하나는 현재 사우디아라비아 미디안 광야에 있는 엘크롭(El-khrob)봉우리라는 주장이다. 어쨌든 이스라엘 백성은 이 시내산을 통해 진정한 하나님의 백성으로 살아가는 길을 배우게 되었고 하나님의 백성 공동체로서의 정체성을 확보하게 된다.

제벨 무사Jebel Mussa
시나이반도 중앙에 위치한 시내산의 현대 명칭이다. 이 이름은 기독교와 동일하게 모세를 중요한 선지자로 섬기는 무슬림들에 의해 붙여진 이름이다.

5. 가데스 바네아 (Kadesh Barnea, 민 13:25-26)

'거룩한 샘'이라는 뜻을 가진 시내 광야 북쪽의 작은 성읍이다. 시내산에서 거룩한 하나님의 백성으로 거듭난 뒤 하나님의 뜻을 따라 숫자 계수를 마친 이스라엘 백성들은 바란 광야를 거쳐 이곳 ⑦ 가데스 바네아에 도착한 뒤 본격적으로 가나안 입경을 준비했다. 그런데 이곳에서 하나님의 명령으로 보낸 정탐꾼들이 매우 부정적인 보고를 하자 백성들을 크게 흔들렸고 급기야는 모세 형제를 죽이려는 시도까지 하게 되었다. 결국 이스라엘 백성들은 가데스 바네아를 기점으로 정복전쟁을 벌이는 일에 반대를 하게 되고 하나님께서는 이 일로 크게 진노하게 된다. 이후 이스라엘 백성들은 가나안 진입에 실패하게 되고 ⑧ 에시온게벨에 도착하는 시점까지 가데스 바네아를 기점으로 아바라 광야를 38년 동안 유랑하는 어려움을 겪게 된다. 또한 민수기 26장 가나안 동편 싯딤에 도착할 때까지 모든 출애굽 세대가 죽임을 당하게 되는 아픔도 경험하게 된다.

6. 요단 동편 (Trans Jordan)

가데스 바네아에서 에시온 게벨로 내려온 이스라엘 백성은 가나안 남쪽을 통과하지 않고 가나안 동편 즉, 요단 동편(Trans-Jordan)을 통하여 가나안 진입을 시도하게 된다. 당대 가나안 동편 지금의 요르단에는 유명한 '왕의 대로(King's Highway)'라는 무역로가 발달해 있었는데, 이스라엘은 이 길을 평행으로 요단 동편 산지를 남북으로 관통한 후, 최종적으로 요단강을 건너 가나안에 진입하는 경로를 선택했다. 그런데 이 길에는 전통적으로 이스라엘에게 적대적이었던 몇 나라 혹은 민족들이 차지하고 있었다. 첫째는 세렛 시내 아래 ⑨에돔(Edom)인데, 에돔 족속은 에서의 후손으로 알려져 있다(창 25:30). 모세와 이스라엘은 처음 가데스에서 왕의 대로를 따라 에돔인들의 땅을 지나가려 했다. 그러나 에돔왕이 그것을 거부하는 바람에 보다 편한 왕의 대로 대신 아래쪽을 지나 북진하는 길을 선택하게 되었다(민 20:17~20). 이스라엘은 그렇게 에돔과의 싸움을 피하면서 에돔과 모압을 경계 짓는 세렛 시내에 이르렀다(민 21:12). 두 번째는 세렛에서 아르논 골짜기 사이 ⑩모압(Moab)인데 이스라엘은 세렛 시내를 지나 모압 땅을 그대로 통과하여 그 북단 아르논 골짜기에 이르렀다(민 21:13~15). 모압은 당시 아모리인들의 속국처럼 되어 있던 탓에 군사적으로 큰 문제가 없었던 것이다(민 21:26). 다시 아르논 골짜기와 얍복강 사이 세 번째 ⑪아모리인들(Amorite)과 만나게 되는데 이스라엘은 그들과 일단의 전투를 치르며 북진을 계속했다. 이스라엘은 얍복강까지 도달하면서 계속해서 아모리인들을 몰아냈다(민 21:32). 이스라엘은 당시 아모리의 동쪽에 있던 네 번째 족속 암몬(Ammon)은 그들이 견고한 탓에 점령하지 못했다(민 21:24). 이후 얍복강 위쪽, 야르묵강 일대 길르앗 지역과 바산 지역에 있던 다섯 번째 족속인 ⑫바산(Basan)의 왕 옥 역시 이스라엘을 상대로 전쟁을 원했고 이스라엘은 바산 마저 점령하게 된다(민 21:33~35). 한편 아르논 골짜기 아래쪽에 있던 모압의 왕 발락은 발람 선지자에게 이스라엘 저주를 부탁하기도 했고 곧 실패하고 말았다(민 22:7~8). 모압의 경우에는 오히려 이스라엘이 큰 곤욕을 치르기도 했다. 이스라엘의 남자들이 모압의 여자들과 음행을 저지른 것이다. 하나님께서는 이 일의 벌을 출애굽 세대에 대한 마지막 벌로 삼으셨다(민 25:1~9).

7. 느보산과 모압 평지 (Mt. Nebo & Plain of Moab)

싯딤에서 이스라엘이 저지른 모압 여인들과의 음행 문제를 정리하고 가나안에 들어갈 이스라엘 백성들의 숫자를 다시 계수한 뒤 모세는 이스라엘을 요단 동편 산지에서 내려와 요단강 동편 ⑬ 모압 평지에 집결시켰다(민 22:1). 이곳에서 하나님께서는 이스라엘 백성이 가나안에 들어가 살 경우 알아두어야 할 여러 계명들을 다시 가르치셨고(민 33~36), 모세는 이스라엘 백성들이 살아가야할 삶의 주요한 계명들을 설파했다. 모세의 모압 평지 설교를 기록한 것이 바로 신명기서이다. 이후 모세는 설교를 마치고 이스라엘 백성들을 떠나 요단 동편 산지의 아바림 산맥에 있는 ⑭ 느보산에 올라 그 곳에서 가나안 땅을 바라보며 최후를 맞이했다(신 32:49; 34:1). 모세 역시 출애굽 세대로서 가나안에 들어가는 것이 허락되지 않았기 때문이다. 모압 평지와 느보산을 기점으로 이스라엘은 가나안 입경이라는 새로운 눈앞의 목표를 세우게 되었고 그 지도자는 이제 출애굽 세대 중 유일한 생존자인 여호수아와 갈렙이 되었다.

 ## 하나님 백성의 출애굽과 그 의미

이스라엘 백성들은 하나님의 구원하심으로 애굽땅을 떠나 가나안으로 40년간 여행을 했다. 이 여행은 하나님께서 당신의 백성들을 죄악과 어둠이 가득한 세상으로부터 구원하신 과정의 전형을 보여준다. 이 모든 출애굽 구원의 여정은 세 가지 단계로 구분하여 그 의미를 곱씹어 볼 수 있다. 첫째는 라암셋 즉, 고센에서 출발하여 르비딤까지 이르는 '구원의 여정'이다. 하나님께서는 노예 상황에서 고통으로 신음하는 당신의 백성들을 외면하지 않으시고 그들을 친히 구원하기로 하셨다. 그리고 당신의 사자 모세를 통해 이스라엘을 죄악의 땅으로부터 이끌어내셨다. 둘째는 시내산에서의 '세우심의 여정'이다. 이스라엘을 애굽으로부터 구원하신 하나님께서는 그들을 거룩한 시내산으로 부르신 후 그곳에서 그들을 하나님의 거룩한 백성으로 세우신다(출 19:4~6). 이과정에서 하나님께서는 이스라엘 백성에게 십계명으로 대표되는 율법과 계명을 주셨다. 이스라엘은 이제 이 하나님의 법으로 거룩한 하나님의 백성으로서 삶을 살아가게 된다. 셋째는 '보내심의 여정'이다. 하나님께서는 이스라엘을 거룩한 제사장으로 세우신 후 그들을 세상 한 가운데 가나안으로 보내신다. 그리고 그곳에서 세상을 하나님께로 인도하는 제사장 나라로 살게 하셨다. 이제 이스라엘은 가나안 땅에서 하나님의 뜻을 품고서 생육하고 번성하는 가운데 세상 모든 이들과 피조물들을 하나님께로 인도하는 사명을 감당하게 된다. 오늘날에도 하나님의 구원의 여정은 구원으로 인도하심과 하나님의 백성으로 세우심 그리고 세상으로 다시 파송하심의 여정으로 구분하여 생각해 볼수 있다. 오늘 나는 이 세가지 단계 가운데 어디쯤 서 있는지 생각해 보도록 한다.

TBM성경지리공부시리즈

BIBLE TRAVEL

03

가나안 정착과 통일왕국 시대

이스라엘 백성들이 어떻게
하나님의 약속하신 땅 가나안에 정착했으며
그 가운데 어떤 일이 있었는지 배웁니다.

가나안에 정착한 이스라엘 백성은 본격적으로 약속의 땅을 정복하고 그 땅에서의 삶을 시작한다. 모세는 가나안에 들어가는 이스라엘 백성들을 하나님의 말씀대로 살아야 한다고 간곡하게 가르쳤다. 여호수아는 가나안에서의 삶에서 "오직 하나님의 말씀과 그 계명만을 지키는 일"이 무엇보다 중요하다는 것을 수시로 일깨웠다. 그러나 막상 가나안에 정착한 이스라엘 백성들에게 그것은 쉬운 일이 아니었다. 그들은 수시로 불순종했고 교만을 앞세웠으며 인간적인 계산과 생각 가운데 행동했다. 이스라엘의 신앙정신은 사사시대를 거치면서 더욱 심하게 무너졌다. 왕들을 통하여 문제를 보완하리라는 하나님의 복안도 오래가지 못했다. 사울은 얼마 지나지 않아 부패했고 다윗은 서서히 무너졌으며 솔로몬은 과격하게 교만으로 치달았다.

 Theme   약속의 땅에 정착하기

출애굽이후 40여 년의 광야생활을 보낸 이스라엘 백성들은 마침내 가나안이 보이는 모압 평지에 도착했다. 그 곳에서 그들은 지도자 모세의 마지막 고별설교를 듣게 된다(신 1:1). 이어서 그들은 새 지도자 여호수아를 맞이하게 된다. 여호수아는 그의 거의 전 생애에 걸쳐 가나안 전 지역을 정복하기 위한 전투를 치른다. 그리고 이스라엘의 새로운 중심지로서 실로에 하나님의 성막을 반영구적으로 설치한다(수 18:1). 이로서 이스라엘은 아래로는 브엘세바로부터 위로는 헐몬산, 그리고 서쪽으로는 지중해 연안과 동쪽으로는 요르단 산지 대부분을 그들의 땅으로 갖게 되었다. 정복전쟁을 마친 여호수아는 즉각 이스라엘 각 지파의 장로들을 모아놓고 땅을 분배했다(수 19:51). 그리고 각 지파 내에는 땅을 기업으로 갖지 못한 레위지파 사람들이 종교적인 업무를 수행하며 살도록 했다.

각 지파별 정착은 사사시대라는 특이한 정치체제를 만들어냈다(삿 2:16). 처음 정착했을 때 이스라엘은 국가적 형태를 갖추지 않고 각 지파별 공동체를 이루어 살았는데, 이 때 정치나 경제, 사회적인 이슈가 발생할 경우 그 문제를 해결하기 위한 임시 지도자, 사사(judge)를 두었다. 사사들은 이외에도 국가적인 위기가 발생했을 때 군사적인 역량을 발휘하여 위기타파를 시도하기도 했다. 그래서 사사들이 다스리던 시절이나 지역은 상대적으로 안정적인 환경을 갖게 되었다. 문제는 사사들의 임시 통치와 단기적인 리더십이 이스라엘로 하여금 많은 위기감을 느끼도록 했다는 것이다. 그리고 이 임시변통의 리더십들 사이사이에서 이스라엘

의 하나님께 대한 불순종은 가라지와 같이 불쑥불쑥 솟아올랐다
(삿 2:17~23). 하나님의 다스리심과 사사들의 통치에도 이스라
엘은 자기 소견대로 살았다(삿 17:6).

결국 이스라엘은 마지막 사사인 사무엘에게 이스라엘의 왕을
요구하기에 이른다. 그리고 사울은 이스라엘의 첫 번째 왕이 된

다스릿왕의 회심, 작자 미상, 로마, 1650년 경

다(삼상 10:1). 그는 사무엘과 같은 에브라
임 지파 사람이었고 준수한 청년이었다.
사울이 왕이 된 이래 이스라엘은 안정을
찾아가는 것 같았다. 그러나 그 시기는 오
래가지 못했다. 사무엘이 우려했듯 사울
은 왕의 자리가 주는 잘못된 가치에 쉽게
중독되고 만 것이다. 사무엘은 사울을 뒤
이어 유다지파 출신 다윗을 왕으로 세웠
다(삼상 16:13). 다윗은 확실히 사울과 달
랐다. 비록 몇몇 문제가 있긴 했어도 그는
기본적으로 하나님 앞에 선 하나님의 사람
이었다. 그는 하나님께서 자신을 세우셨음을 알고 하나님과 백성
사이에서 충실한 왕이 되었다. 그로 말미암아 이스라엘은 예루살
렘을 중심으로 하는 새롭고 강건한 나라로 탈바꿈하게 된다.

이스라엘의 가나안 정착은 다음의 몇 가지에서 중요한 의미를 드러낸다. 첫째, 하나님께서는 이스라엘에게 헤렘(herem 신 7:2~4)과 쉐마(shema, 신 6:4~9)를 요구하셨다. 헤렘은 이스라엘이 가나안을 점령해 나아갈 때 그 땅의 우상들과 그 땅의 풍습들, 그 땅의 소산물들을 이스라엘 가운데 남겨두지 말라는 것이다. 쉐마는 그렇게 정화되어 깨끗한 땅에서 오직 하나님의 말씀과 계명만을 중심으로 공동체적인 삶을 세우라는 것이다. 이스라엘은 이방을 이끌어 하나님께로 인도해야 하지만 그들의 우상과 그들의 잘못된 풍습들까지 거룩한 땅, 약속한 땅에 들여와서는 안된다. 안타깝게도 이스라엘은 베니게 지역과 블레셋 지역 그리고 므낫세와 스불론, 잇사갈 사이 지역에 몇몇 정복되지 않은 가나안 인들의 성을 남겨두었다.

둘째, 가나안 땅 정착 초기 하나님 백성의 삶의 중심이 되는 성막이 실로에 섰다. 하나님의 백성들은 그 곳 실로에서 모여 가나안 점령 작전과 땅 분배, 그리고 가나안 땅에서의 삶을 나누었다. 하나님께서는 여호수아가 가나안 중앙에 있는 실로에 성막 세우는 일을 허락하셨다. 여호수아는 실로의 성막 앞에서 가나안 정복 전쟁을 완수했을 뿐 아니라 그 회막 앞에서 이스라엘 12지파의 땅을 분배하기도 했다. 이후 한 동안 실로는 길갈이나 미스바

헤렘Herem
일반적으로 이스라엘이 가나안 정복시기에 벌인 종교적인 정화를 의미한다. 이스라엘은 가나안을 정복하면서 그 땅 거민들이 갖고 있던 삶과 문화, 정치와 종교의 모든 것을 없애버리기로 결심했다.

쉐마shema
'들으라'라는 의미이다. 신명기 6장에서 모세는 이스라엘에게 '들으라 이스라엘'이라는 유명한 설교를 했다. 후일 이스라엘 사람들은 이 쉐마를 하루 세 차례 신앙 기도문으로 발전시켰다.

등과 더불어 하나님을 예배하는 거룩한 장소로 존중 받았다. 적어도 이스라엘 모든 백성의 신앙의 중심지였던 것이다. 그러나 그곳은 얼마 지나지 않아 하나님이 아닌 인간이 중심이 되는 곳이 되고 말았다. 대제사장 엘리 가족은 블레셋이 침공했을 때 법궤를 앞세우면 전쟁에서 이길지 모른다는 이야기를 듣고 법궤를 내 주었다가 전쟁에서 졌을 뿐 아니라 법궤마저 블레셋에게 빼앗기는 수모를 당하게 된다(삼상 4:3~5). 이후 실로는 영적 중심지로서 역할을 잃게 되고 상당히 많은 제사장들이 사울에게 죽임을 당하면서 쇠락의 길을 걸었다(삼상 21:1~9).

결국 하나님께서는 이스라엘을 인도할 종들(왕, 선지자, 예언자)을 예루살렘을 중심으로 새롭게 세우셨다. 하나님께서는 먼저 다윗을 이스라엘의 새로운 왕으로 세우시고, 다윗은 실로가 아닌 여부스 족의 성, 예루살렘(Jerusalem)을 점령한 뒤 그 곳에 성궤를 옮겨놓게 된다. 이후 예루살렘은 새로운 정치와 경제, 그리고 종교의 중심지가 되었다. 특히 솔로몬 시대 하나님의 성전이 예루살렘에 지어지면서 예루살렘은 명실상부 이스라엘 전체를 아우르는 종교적 중심지가 되었다. 물론 성직자들도 실로의 엘리 제사장 계열이 아닌 사독(Zadok) 계열의 제사장들이 그 핵심에 서게 된다. 하나님을 경외하는 지혜로운 사람 다윗의 시절까지 예루살렘은 매우 의미 있는 곳이 되었다. 중심지로서 예루살렘은 무엇보다 백성들에게 안정감을 주었다. 사실 이 새로운 중심지는 오래가지는 못했다. 아들 솔로몬 시대에 이르러 예루살렘은 하나님을 위한 중심지가 아닌 인간의 중심지로 변질되기 시작한 것이다. 왕들은 예루살렘에서 전횡을 일삼았고 제사장들은 왕들의 눈치를 보느라 정신이 없었다. 결국 선지자들은 예루살렘을 떠나 지방, 변방 시골에서 하나님의 공의의 말씀을 선포했다.

 ## 가나안 정착과 통일왕국 시대 역사

이스라엘 민족의 가나안 정착과 국가 건립을 이해하기 위해서는 상당히 많은 분량의 주변 역사 자료들을 살펴야 한다. 우선 살펴야 할 것은 후기 청동기 문화의 갑작스러운 몰락이다. 이 시기 알 수 없는 이유로 고앗시리아 왕국은 침체기로 접어든다. 그리고 아람지역에 있던 갈데아인들이 대거 유프라테스와 티그리스 강 하류 지역으로 이동한다. 무엇보다 후일 페르시아 제국을 건설하는 일단의 아리안계 민족이 북쪽으로부터 내려와 지금의 이란지역을 차지했다. 이집트 역시 마찬가지였다. 이시기 동안 이집트는 새로운 중간기에 접어들어 주변 리비아와 같은 이민족의 지배를 받게 된다.

　우선 이집트를 보자. 우리가 이스라엘이 출애굽 했을 것으로 추정하는 13세기, 이집트는 제18왕조를 지나 19왕조로 들어서 매우 탄탄한 국력을 보유하게 된다. 한편으로 수십만 혹은 수백만이나 되는 노동력이 유출되었다 하더라도 이집트는 매우 튼튼했다. 특히 람세스 2세에 이르러 이집트는 고대 근동의 가장 강력한 제국이었다. 람세스는 가나안 북쪽까지 진출하여 히타이트와 대결하기도 했다. 덕분에 가나안은 여전히 이집트의 보호아래 있었으며, 몇몇 도시들은 이집트의 식민 도시로 남기도 했다. 그러나 이집트 제19왕조도 오래가지는 못했다. 람세스의 오랜 통치를 이은 그의 아들 메르넵타는 평화로운 통치를 이어가지 못했다. 어렵사리 가나안으로 출전을 한 뒤 메르넵타는 그곳에서 죽었고 왕조는 몰락했다. 흥미로운 것은 그가 가나안에 출전했을 때 만나고 싸웠던 부족들의 이름 가운데 이미 이스라엘이 존재한다는 것이다. 이후 이집트는 세 번째 중간기(주전 1064년~664년)에 들어서면서 외세의 침략을 받게 된다. 그리고 이전과는 비교할 수 없는 약체로서 오랜 혼란의 세월을 보내게 된다. 이제 단일국가로서 발돋움을 하려는 이스라엘로서는 매우 다행스러운 시기라 할 수 있었다.

통일왕국 시대 고대 세계 역사

연대	이집트	그리스 / 터키	메소포타미아	이스라엘
주전 1300	이집트 신왕국 제19왕조	미케네문명	힛타이트왕국 중앙아시리아왕국	사사시대
1200	제20왕조	트로이전쟁		
1100	제3차 중간기 제21왕조	도리아인의 침략과 암흑기		블레셋족속 출현
1000	제22리비아왕조 제23리비아왕조		신아시리아왕국	사울왕시대 다윗왕시대 솔로몬왕시대
900				

*열왕기상 6장은 솔로몬이 성전을 건축하기 시작한 때가 출애굽한 지 480년이라고 했다(왕상 6:1). 다윗이 기원전 1000년경 왕위에 올랐다고 가정하고 계산하면 출애굽 시대는 주전 1440년 경이 된다. 이 계산에 의하면 15세기 출애굽설이 지지를 얻는다.

한편 아타톨리아(지금의 터키)에 거점을 둔 히타이트 제국 (Hittite Empire)은 13세기 내내 벌어진 이집트와의 레반트-가나안 지역에 대한 패권 대결 구도에서 국력을 많이 소모하고 말았다. 게다가 그리스 미케네 문명권에게해 동맹에 가담한 그리스 계통 소아시아 국가들의 도전에도 점차 밀리는 형국에 접어들게 되었다. 결국 제국은 기원전 1200년대 초반 미케네 문명의 몰락과 관련하여 발생한 일단의 민족 이동, 그리고 동쪽 앗시리아 중 왕국의 번영과 공격으로 세력을 잃고 소멸하고 말았다. 이후 제국은 역사에서 오랫동안 잊혀있었다.

아나톨리아Anatolia 일반적으로 지금의 터키 즉, 소아시아 일대를 일컫는 옛말이다. 그리스 사람들이 이렇게 불렀는데 '태양이 솟는 곳'이라는 의미를 갖고 있다. 명칭이 동쪽 그리스에서 유래했음을 알 수 있다. 아주 오래전 아카드와 힛타이트 그리고 앗수르인들 그리고 마케도니아인들과 페르시아인들이 이 일대를 지배할 때에 주로 이렇게 불렀다. 소아시라(Asia Minor)라는 명칭은 후일 로마의 속주에서 유래된 것이다.

히타이트 제국이 몰락하고 이집트가 쇠락하는 가운데 기타 지중해 패권이 변화하는 상황에서 빼놓을 수 없는 것은 그리스 미케네(Mycenae) 문명의 갑작스런 몰락이다. 사실 학자들은 이 모든 몰락과 쇠락을 통틀어 후기 청동기 문명의 몰락이라고 말한다. 청동기를 주로 다루던 문명국가들이 이 시기를 기점으로 갑작스럽게 무너진 것이다. 그리스의 미케네 문명 역시 이 연쇄 현상 가운데 있었다. 미케네 문명은 주전 1600년경부터 주전 1100

년경 사이까지 아카이아인들(Achaeans)이 만든 문명으로 그리스와 에게해 일대에 번성했던 매우 호전적인 전사(戰士) 중심 문화였다. 우리가 흔히 알고 있는 호메로스의 서사시 일리아드는 이 시대 전쟁 이야기의 산물이다. 그런데 이 문명이 북쪽에서 내려온 도리아인들에 의해 멸망당하자, 흩어져 있던 미케네 인들 혹은 그들로부터 밀려난 민족들은 아나톨리아(Anatolia)와 레반트, 이집트 북동쪽 해안에 다시 정착했다. 우리는 특히 이집트 북동쪽 그러니까 가나안의 서남해안에 정착한 사람들을 바다의 사람들 혹은 블레셋이라고 부른다.

지중해를 중심으로 하는 국가들이 명멸을 거듭하며 혼란한 시기에 접어 들어갈 때 동쪽 메소포타미아는 상대적으로 안정적인 시기로 접어 들어가고 있었다. 주전 2500년부터 도시국가 형태로 자리 잡았던 앗수르(Assur)가 점차 세력을 키워 앗시리아 고왕국을 형성했다가 고바빌로니아 왕국 시기 잠시 주춤한 후 기원전 14세기 후반부터 10세기에 이르는 시기에는 근동 내에 거의 유일한 안정적 제국으로 발전한 것이다. 앗시리아 중왕국은 매우 호전적이었으며 엄격한 군사적 법제도를 가지고 있었다. 이들은 한 편으로 메소포타미아 남부의 경쟁도시들을 정복하고 다른 한 편으로 경쟁하던 히타이트를 무너뜨리고 레반트 지역으로 진출하여 페니키아의 도시들을 손에 넣었고 그로 인해 막대한 부를 누릴 수 있었다. 그러나 앗시리아 중왕국 역시 청동기 후기 문명의 쇠퇴 과정에서 빠져나갈 수 없었다. 그들 역시 10세기 중반 이후 급격한 쇠락의 길을 걷게 된 것이다. 앗시리아의 쇠락은 결국 이란 산악 지역과 코카서스 산맥 지역, 메소포타미아 남부, 그리고 아람과 수리아 및 페니키아 지역들의 분열을 몰고 왔다.

역사적으로 가나안은 메소포타미아와 이집트 그리고 아나톨리아 등의 국제 정세에 민감한 곳이었다. 주전 13세기 무렵 가나안은 이집트의 속령이었다. 이 시기 대부분 큰 도시들은 해안가와 평야에 있었으며 이집트 파라오와 주종관계를 맺고 있었고 이집트 총독들이 파견되어 있었으며 심지어 이집트군의 전진기지로 사용되기도 했다. 그러나 이집트 제19왕조가 몰락하고 힛타이트와 앗시리아의 영향력도 잇달아 약화되자 가나안은 곧 여러 부족 중심 국가들이 이전투구를 벌이는 장소가 되고 말았다. 페니키아는 여전히 독자적인 무역 중심 도시 연맹체로 굳건한 자리에 있었고 이후 침략자들도 대부분 그들의 역량을 인정했다. 남서쪽 영역에는 호전적인 블레셋 인들이 들어와 자리를 잡고 몇 개 도시국가 연맹체를 형성했다. 이들 지역 외 대부분 가나안 지역은 아브라함 시대로부터 서쪽의 혼란스러운 땅에서 온 아모리인들

가나안Canaan
고대 중동 문명이 발달한 비옥한 초승달 중간지대에 위치한 곳으로 지금의 팔레스타인 일대를 말한다. 가나안이라는 명칭은 주로 성경의 표현이다. 이스라엘 사람들이 가나안인이라는 것은 아니다. 가나안은 이스라엘 사람들이 애굽에서 나오던 시기에도 일반적으로 불리던 지명이었다.

이 차지했다. 그들은 느슨한 형태여도 그들만의 국가를 건설했다. 그 외 가나안 중심 지역 특히 산지 지역에는 성경에도 묘사되어 있는 여러 부족들 즉, 아모리를 제외한 헷, 기르가스, 가나안, 브리스, 히위, 그리고 여부스 족들이 각각의 도시국가 혹은 유목 국가 형태로 살고 있었다(신 7:1). 이스라엘의 정착과 국가 건설은 주변 패권 국가들의 쇠락시기에 맞물려 있었으며 가나안 자체의 군웅할거(群雄割據) 시대와 맞물려 있었다. 그들만의 국가 건설을 위한 절묘한 타이밍에 있었던 것이다.

Story with Atlas 가나안 정착과 왕정 시대

가나안에 정착한 이스라엘 백성은 초기 400여 년 동안은 종교적으로는 실로를 중심으로 그리고 정치적으로는 각 지역과 시대별 사사들(judges)을 중심으로 하는 이상적인 사회를 건설했다. 그들은 하나님께서 주신 율법을 기준으로 개인의 삶과 가정의 삶 그리고 사회적인 체제들을 구축했으며 그 모든 율법 중심의 삶을 실로의 회막(the tent of meeting)을 중심으로 형성했다. 문제는 있었다. 종교적으로 체제화된 사회는 경제적으로는 몰라도 결국 정치적으로 혹은 군사적으로 약체가 될 수밖에 없다는 문제였다. 결국 이스라엘은 정착 초기 내내 이민족의 침략과 지배, 그리고 위협에 시달렸다. 그래도 그들은 하나님께서 시절마다 세우신 사사들을 중심으로 위기를 모면했다. 그러나 사사를 중심으로 하는 위기 극복 프로젝트가 항상 성공적인 것은 아니었다. 시간이 지나면서 점차 인간적인 생각들이 이스라엘 백성들의 삶에 가미되었고 그들은 점차 하나님이 아닌 자신들의 생각대로 사는 것에 익숙해지게 되었다. 그리고 그들 스스로도 통제가 불가능해진 상황 극복을 위해 왕정(monarchy)을 끌어들이게 되었다. 이스라엘은 하나님의 율법이 가르치는 본래의 정신 보다는 인간적인 방편을 요구했다. 그리고 오히려 하나님의 사람 사무엘과 하나님을 설득했다. 사무엘은 왕정이 가져올 폐해를 백성들에게 알렸다. 그러나 결국 이스라엘은 사울과 다윗으로 이어지는 왕정을 선택했다. 그것은 필요악처럼 하나님의 백성, 이스라엘의 역사에 편승하게 되었다. 물론 하나님께서는 이스라엘 백성이 세운 왕을 각별하게 생각하셨다. 그리고 그들의 왕을 하나님의 백성을 돌볼 종의 대표자로 세우셨다. 그러나 문제의 불안한 불씨는 여전했다. 그리고 그 불씨는 이후 하나님의 백성들의 역사에 예기치 못한 고난과 어려움을 몰고 오게 되었다.

1. 여리고와 아이 (Jericho & Ai, 수 5:13~8:29)

제사장과 여호와의 법궤를 앞세워 요단강을 건넌 여호수아와 이스라엘은 ① 길갈에 진을 치고 여리고를 무너뜨리기 위한 준비에 들어갔다. 이스라엘이 길갈에 진을 치고 그 땅의 소산물을 먹기 시작하자 하나님께서는 만나 내리기를 그치셨다(수 5:12). 축복의 땅 가나안에 대한 본격적인 정복과 정착이 시작된 것이다. 그들은 먼저 ② 여리고를 정복했다. 이 고대로부터 유명한 도시를 먼저 정복하는 것은 이스라엘에게 중요했다. 이 도시를 점령하고서야 안전하게 산지의 도시들을 점령할 수 있기 때문이었다. 당시 여리고는 매우 견고한 두 겹의 성벽으로 되어 있었다. 이스라엘은 이 성벽을 온 백성이 함께 매일 한 번씩 엿새동안 돌고 일곱 번째 날에는 일곱 번을 돌고나서 제사장들의 나팔 소리와 큰 소리로 무너뜨렸다(수 6:3~20). 여리고가 무너졌다는 소식은 곧 산지의 주요성들에게 전해졌고 그 왕들은 큰 두려움에 빠졌다. 문제는 이들 가나안의 왕들이 아니었다. 아간이 여리고성에서 하나님의 헤렘(herem) 명령을 어기고 그곳의 물건들을 취한 것이었다. 이 문제는 다음 아이 성 점령에서 고스란히 드러났다. 여리고의 여세를 몰아 승승장구하던 이스라엘이 하찮아 보이는 아이성에게 패배한 것이었다. 여호수아는 곧 이스라엘 사이에서 범죄자를 색출하고 그를 아골 골짜기에 묻어버린다(수 7:25~26). 이후 여호수아와 이스라엘은 간신히 아이를 점령할 수 있었다. 특히 여호수아는 전투가 끝날 때까지 손에서 단창을 내려놓지 않았다 (수 8:1~26). 뿐 만 아니라 여호수아는 이스라엘 백성 모두를 데리고 세겜 땅 에발산과 그리심산으로 가서 두 산에 백성의 반반을 세우고 그 곳에서 다시 화목제사를 드린 후 모세의 율법을 이스라엘에게 다시 가르쳤다(수 8:33~35).

2. 점령하지 못한 땅들 (삿 1:2~35)

하나님께서는 이스라엘에게 그 땅 가나안 족속들을 모두 진멸하라고 명령하셨다. 그러나 이스라엘은 끝내 그 명령을 지키지 못했다. 사사기의 기록에 의하면 유다와 시므온 족속은 자신들의 땅에 가서 매우 용감하게 각 성들과 마을들을 점령하고 그 땅 거민들을 쫓아냈다(삿 1:2~20). 단지 기록에 의하면 그들은 산지 주민들은 쫓아 내었으나 아마도 블레셋으로 여겨지는 골짜기의 주민들은 다 쫓아내지 못했다(19). 요셉은 벧엘에 남은 가나안 족속을 쫓아 냈다(22~26). 그러나 벤야민은 ③ 예루살렘을 끝내 정복하지 못했다(21). 므낫세 지파는 ④ 벧산과 자아낙과 돌, 그리고 이블르암과 ⑤ 므깃도를 빼앗지 못했다(27). 이외에도 에브라임은 게셀에 있는 주민을(29), 스불론은 기드론과 나할롤을 얻지 못했다(30). 아셀은 대부분 ⑥ 페니키아 지역으로 악고와 시돈과 알

랍과 악심, 헬바와 아빅과 르홉을 점령하지 못했다(31~32). 납달리 역시 벧세메스와 벧아낫을 얻지 못하고 그대로 두었다(33). 단지파의 경우에는 훨씬 어려운 문제에 직면한다. 그들은 끝내 아모리의 위협에 시달리다가 그들이 원래 받은 땅에는 가보지도 못하고 말았다. 그들의 땅을 확보한 것은 오히려 에브라임과 므낫세가 강력하게 밀어붙여서 가능했다(35). 이 때 여호와의 종이 길갈에서 올라와서 이렇게 선포했다. "내가 너희를 애굽에서 올라오게 하여 내가 너희의 조상에게 맹세한 땅으로 들어가게 하였으며 또, 내가 이르기를 내가 너희와 함께 한 언약을 영원히 어기지 아니하리니 너희는 이 땅의 주민과 언약을 맺지 말며 그들의 제단들을 헐라 하였거늘 너희가 내 목소리를 듣지 아니하였으니 어찌하여 그리하였느냐"(삿 2:1~2).

3. 도피성들 (수 20:1~6)

하나님께서는 이스라엘이 가나안에 정착하는 가운데 특별한 계명 하나를 주셨다. 바로 도피성 제도이다. 이스라엘 백성 가운데 고의성이 없는 살인을 저지른 경우 그는 일단 죄를 묻고 벌을 주는 사법권으로부터 도피할 수 있었다. 이 때 그들이 도피하여 숨을 수 있는 곳이 바로 도피성이었다. 도피한 자들은 대제사장에게 그 사실을 알렸고 제사장은 자신이 살아있는 동안 그를 보

가나안 정착과 통일 왕국 시대 이스라엘

1. 본문의 지명 중 번호가 매겨진 부분을 찾아 지도와 확인한 후 아래의 빈 칸을 채워봅시다.

❶	❷	❸
❹	❺	❻
❼	❽	❾
❿	⓫	⓬

2. 성경지도를 참고하여 이스라엘 각 지파가 받은 땅의 경계를 찾아 색칠해봅시다.

복으로부터 보호해 주거나 정당한 재판을 받을 수 있도록 주선해 주었다. 일단 그를 담당했던 대제사장이 죽고 나면 그는 사면되도록 했다. 그를 위해 대제사장이 대속으로 죽었다고 여겼기 때문이다(민 35:5-34; 신 4:41-43; 19:1-13; 수 20:1-9). 도피성은 각 지파 땅에 거류하는 레위인들의 성 가운데 하나가 선정되었는데 이스라엘이 점령한 땅 전체에 여섯 곳을 두었다. 도피성의 위치는 다음과 같았다. 우선 요단 강 서쪽에는 납달리 지파 내 갈릴리 산지에 ⑦ 게데스(수 12:22; 19:32), 에브라임 지파에는 세겜(수 20:7), 유다 지파에는 헤브론(수 20:7; 21:11)을 두었다. 요단 동쪽으로는 르우벤 지파의 ⑧ 베셀(수 20:8; 21:36), 갓 지파 길르앗 지역 내의 ⑨ 길르앗 라못(수 21:38), 그리고 마지막으로 므낫세 지파 내 바산 지역에 있던 골란(수 20:8; 21:27) 등이다.

4. 단 지파의 이동 (삿 18:1~31)

사사기 18장은 한 가지 흥미로운 이야기를 전한다. 바로 단 지파의 매우 불경스러운 방법을 통한 지파 거주지 이동이다. 단 지파는 원래 블레셋 평야와 샤론 평야 중간 지점쯤에 지파의 땅을 받았다. 욥바를 포함한 일대의 땅이었다. 처음 그들은 용맹했다. 그래서 그들은 레셈과 싸워 그 땅을 차지하고 그 땅 이름을 단이라고 고쳐 부르기도 했다(수 19:47). 그런데 시간이 지나면서 여기 아모리인들(여기서는 블레셋 사람들)이 생각보다 강하여 그 땅을 제대로 점령할 수 없었다. 결국 그들은 평야와 산지 중간의 ⑩ 소렉 골짜기 주변의 아얄론, 소라, 에스다올 등에 주로 거주했다(삿 18:2). 단 지파의 입장에서는 늘 전쟁으로 피곤한 이곳이 아닌 새로운 정착지가 필요했다. 그들은 곧 여러 곳을 알아보기 시작했다. 다섯 사람이 길을 나섰는데 그들은 가는 길에 에브라임 산지의 미가라는 사람의 집에 이르게 된다.

미가는 일찍이 어머니에게서 은 천 백 냥을 훔쳤다가 어머니에게 다시 돌려주었는데 그 어머니가 돌려받은 것 가운데 200냥을 가지고 신상을 만들어 준 인물이다(삿 17:1~4). 미가는 그것을 자기 집에 고이 모셔둔 뒤 자신의 아들 가운데 하나와 레위인 하나를 제사장으로 삼았다(삿 17:5, 9~10). 성경은 이 사건을 빗대어 말하기를 "사람마다 자기 소견에 옳은 대로 행하였다"고 말한다 (6). 훗날 미가는 유다지파의 레위인이 지나가는 것을 보고 자신의 집, 자신의 우상을 위해 제사장이 되어달라고 요청하고 그 레위인은 흔쾌히 그것을 받아들인다(삿 17:7~13).

사건이 이쯤 되었을 때 단 지파 정탐꾼들이 미가의 집에 도착했는데 그들은 바로 그 레위인 제사장에게 그들의 앞길을 묻고

대답을 얻는다. 여호와께서 그들의 앞길을 인도하시리라는 것이었다(삿 18:6). 이후 단 지파 사람들은 갈릴리 북쪽 ⑪ 라이스라는 곳을 정탐한 후 그 곳이 살만하다 여기고 다시 소렉 골짜기 자기 지파에게 돌아와 그 땅을 소개한다. 이야기를 들은 단 지파는 육백 명의 용사를 먼저 보내 그 새로운 땅으로 가게 했는데, 가던 길에 그들은 다시 에브라임 산지 미가의 집을 지나게 된다. 그리고 그 곳에서 다섯 정탐꾼의 이야기를 듣고 아예 미가의 집 드라빔과 제사장을 빼앗아 자기들의 제사장으로 삼고 만다(삿 18:18~20). 이후 단지파는 라이스라는 곳에 정착했고 이스라엘 역사는 그곳을 줄곧 단이라고 불렀다.

5. 실로 (Shilo, 수 18:1): 사사시대와 사울시대 중심지

실로는 이스라엘이 처음 가나안을 점령하는 가운데 가장 먼저 치고 올라간 중부지역에 있는 도시 이름이다. 여호수아와 이스라엘은 가나안 정복전쟁이 한참이던 때 원래 근거지였던 길갈을 떠나 산지로 올라왔다. 그리고 이곳 ⑫ 실로에 하나님의 성막을 차리고 그 앞을 정복전쟁을 위한 본부로 삼았다(수 18:1). 무엇보다 이스라엘은 이곳에서 각 지파별 땅 분배를 마무리했다(수 19:51). 실로는 사실 그 위치상 가나안의 북쪽으로나 남쪽 혹은 동이나 서로 이어지기에 좋은 위치에 있었다. 그래서 실로는 느슨한 형

실로의 회막
실로는 가나안의 중심에 위치해 있다. 이스라엘의 가나안 정복 초기 이 곳은 중앙에 위치한 덕에 위아래 정복전쟁의 지휘소 같은 역할을 했다.

태의 지파 동맹의 관계와 그 관계에서의 종교적 제의 중심지로서의 역할을 수행하는데 적재적소로 여겨졌다.

　사사시대 내내 실로는 실제로 중심지 역할을 수행했다. 사사들은 각자 자기 지파에서 다른 시대에 활동했으나 사사시대 내내 실로에는 하나님의 성막이 자리했다. 결국 이스라엘은 지파 공동체의 문제일 경우 이곳 실로에서 모임을 가졌고 이곳에서 공동체의 군사적인 행동도 준비했다. 결국 실로에 있던 제사장들 특히 대제사장은 이스라엘 전체에 걸쳐 막강한 영향력을 갖고 있었다. 사무엘상의 기록에 의하면 사사이자 대제사장이었던 엘리는 이곳 실로에서 이스라엘을 종교적으로 그리고 정치적으로 통치하고 있었다. 그의 아들들인 홉니와 비느하스 역시 대제사장으로서 막강한 권력을 가지고 있었다(삼상 1:3,9).

　그런데 이들의 권력은 곧 쇠락의 길을 걷기 시작했다. 서울과 이스라엘이 블레셋과 더불어 전쟁할 때 하나님의 법궤를 그들의 전쟁터로 가져오면 전투에서 확실히 이길 수 있으리라는 잘못된 생각을 하고 하나님의 법궤를 그만 빼앗기고 만 것이다(삼상 4:1~11). 하나님의 법궤를 잃어버린 실로는 급격하게 몰락의 길을 걷게 된다. 엘리는 충격으로 그 자리에서 죽고 말았다. 결국 실로의 제사장들은 법궤도 없이 그들의 성막을 놉으로 옮겼다. 그러나 놉은 종교적 중심지로서 제대로 된 역할을 수행할 수 없었다. 사울이 놉에 있던 실로계 제사장들을 학살하면서(삼상 21:1~9) 놉 역시 쇠락하게 된다.

6. 예루살렘 (Jerusalem)

실로의 몰락은 사무엘과 사울의 출신 지파인 에브라임 지파의 몰락과 궤를 같이 한다. 이스라엘은 새로운 왕, 유다 지파 출신의 다윗에게 그 영광이 옮겨졌다. 다윗은 기름부음을 받고 골리앗을 물리친 뒤에도 오랜 기간 도피생활을 계속했다. 그러나 그는 주어진 상황을 굴복하지 않고 대적에게 용감하고 하나님께 신실한 하나님의 종으로서 그리고 백성의 지도자로서 역할을 다했다. 그렇게 적지 않은 세월을 보낸 다윗은 곧 이스라엘의 왕이 되었다. 다윗이 왕이 된 뒤 처음으로 한 일은 바로 새로운 도읍을 정하는 것이었다. 한동안 유다지파의 중심지 헤브론에서 다스리던 다윗은 본격적으로 ③ 예루살렘을 새로운 도읍지로 삼았다(삼하 5:5~7). 다윗의 용사들이 기혼샘물을 퍼 올리던 양수탑을 타고 올라가 예루살렘을 점령한 것이다.

다윗 이전에도 예루살렘은 여부스 사람들의 요새였다. 도시는 동과 서를 가로지르는 깊은 골짜기 위에 있어서 요새로 적합했다. 무엇보다 마르지 않는 기혼샘은 도시를 더욱 풍족하게 할 수 있었다. 다윗은 이 작은 요새를 하나님의 도성, 다윗이 통치하는 이스라엘의 수도로서 손색이 없도록 키웠다. 그는 도시의 위쪽, 후에 성전이 들어설 산 사이에 밀로라는 축대를 쌓아 성을 확장하고 그 곳에 자신의 궁전을 만들었다(삼하 5:9). 자신의 궁전보다 북쪽, 산 아라우나의 타작마당 위에 하나님의 전을 세울 요량으로 미리 도시를 확장한 것이다(삼하 24:24~25). 더불어 다윗은 블레셋으로부터 법궤를 넘겨받아 다윗성 옆 오벧에돔의 집에 두었다(대상 13:14). 이 법궤는 훗날 솔로몬 대에 이르러 성전산에 하나님의 전이 지어진 후 그 곳 지성소로 들어가게 된다(왕상 8:5~6).

예루살렘은 다윗 대에 이르러 하나님의 거룩한 성으로 발돋움하게 된다. 하나님께서는 이후 이 예루살렘을 중심으로 당신의 뜻을 세상 가운데 펼치셨다. 예루살렘의 중요성은 이후에도 성경을 통해 매번 강조된다. 하나님께서는 매번 예루살렘을 재건하시겠다는 의지를 보이셨고, 포로로 잡혀간 이들도 예루살렘으로 돌아올 것이 예언되었다(사 65:18, 겔 36:38, 슥 14:11). 예수님께서도 새 예루살렘에 대한 이상을 말씀하셨고, 사도 요한 역시 마지

예루살렘
예루살렘은 '평화의 도시'라는 뜻이다. '예루'가 도시 혹은 마을의 의미를 갖고 있고 '살렘'은 '샬롬'과 같은 평화를 의미한다.

막 때에 대한 환상에서 새 예루살렘에 대한 환상을 보았다(계 21:2).

안타깝게도 거룩한 도성 예루살렘의 비전은 여호와 하나님이 나 다윗 혹은 솔로몬이 꿈꾸었던 것보다 훨씬 못 미치는 현실을 안고 있다. 다윗 이후 예루살렘을 차지한 왕들과 지도자들은 하나같이 그들만의 사리사욕에 휩싸였고 예루살렘의 성전은 하루가 멀다 하고 버려지다 시피하는 모욕을 당했다. 예루살렘은 왕들이 탐욕을 드러내는 장이 되었고 선지자들이 비난하는 대상이 되었으며 선지자들이 예루살렘을 떠나야만 하는 슬픈 곳이 되고 말았다. 예루살렘은 중심이었으나 그 중심 되는 감각을 잃어버린 슬픈 영적 도시가 되고 말았다.

 하나님 백성 약속의 땅에 정착하다

이스라엘 백성의 가나안 정착 여정과 새로운 국가의 탄생 과정은 하나님의 백성들이 약속에 터를 잡고 그 자리에서 하나님의 뜻에 맞는 삶의 질서를 세우는 여정이었다. 그런데 흥미롭게도 이 과정은 하나님의 사람들이 역사의 어느 시간대와 한 공간을 차지하여 하나님의 사람들로서 삶을 영위하는 일이 무엇을 의미하는지를 잘 가르쳐준다. 첫째, 하나님의 사람들이 역사의 한복판에 삶의 질서를 세우는 일은 원리(principle)에 대한 깊은 이해와 확신이 필요하다. 이스라엘 백성들은 하나님을 중심으로 하는 삶의 원리들을 계명으로 받았음에도 그 계명이 무엇을 의미하는지 스스로 확신이 있는지에 대한 자기 점검 없이 가나안에서의 생활을 시작했다. 결국 그들은 사사시대를 거쳐 왕정시대에 이르기까지 무수히 많은 실수와 문제를 떠안게 된다. 결국 하나님보다는 인간적인 삶의 원리들을 더 앞세우는 사람들이 되고 말았다. 둘째, 하나님의 백성들은 역사 가운데 체제와 질서를 세우는 과정에서 자기 교만의 함정을 조심해야 한다. 우리는 하나님의 백성들이 쉽게 범하는 교만을 많은 사사들과 사울 그리고 다윗에 이은 솔로몬 왕에 이르기까지 지도자들에게서 배울 수 있다. 그들은 각자 자신들이 하는 일이 하나님께서 원하시는 일이라고 여겼다. 그러나 그것은 큰 교만이었다. 세상 역사 가운데 하나님의 백성의 체제가 서는 일은 하나님 앞에서 늘 자신을 겸비하는 자세가 필요하다. 마지막 세 번째, 하나님의 백성들이 체제와 질서를 세우는 일은 그것이 영원하지 않고 역사 가운데서도 유한한 것임을 잘 이해하는 가운데 이루어져야 한다. 다윗과 솔로몬에게서도 여실히 드러나는 문제는 그들의 왕국이 자신들의 힘과 능력으로 영원하리라는 환상을 갖는 것이었다. 그러나 성경은 세상 가운데 하나님의 백성이 제도와 체제로 실존하게 되는 힘과 능력은 오직 하나님의 뜻과 하나님의 능력에 달린 것임을 말한다.

Q 이 과를 통해 새롭게 알게 된 것은 무엇입니까? 기록해 봅시다.

Q 이 과를 통해 배우고 깨달은 바를 적어보고 가족이나 친구, 동료들과 나누어봅시다.

BIBLE TRAVEL

04

이스라엘 왕국의 분열과 멸망

하나님의 백성들이 세운 나라가
둘로 갈라지게 된 이야기와 배경 그리고
북 이스라엘과 남 유다가 멸망하고
흩어지게 되는 이야기를 배웁니다.

하나님께서는 아브라함과 그 자손 이스라엘에게 주신 약속에 신실하셨다. 하나님께서는 이스라엘을 가나안으로 인도하는 일, 그들이 그 땅에 안정적으로 정착하도록 하는 일에 적극적이셨다. 덕분에 이스라엘은 무사히 그 땅에 정착하게 되었고 떠돌이 히브리가 아닌 정착민 이스라엘의 삶을 시작하게 되었다. 가나안은 세상 모든 피조물의 평안을 위한 중심지가 되도록 선택된 곳이었다. 당연히 이스라엘은 평안을 위한 사역을 위임받은 하나님의 백성들이었다. 그런데 막상 그 땅에 정착한 이스라엘은 하나님의 제사장의 나라와 거룩한 백성으로서 보다는 그들의 안위와 욕심을 채우는 일, 그들 신앙의 편리를 추구하는 우상숭배에 몰두했다. 결국 하나님께서는 이스라엘이 그 땅에서 사는 것을 더 이상 허락하실 수 없게 되었다. 하나님께서는 다윗의 나라를 두 개로 분리시키셨고, 이어서 그 두 나라를 하나님께서 도구로 사용하신 당대의 제국들에게서 멸망하도록 하셨다. 세상을 하나님께로 인도하기 위한 제사장의 나라로서 이스라엘은 이제 그 지위를 상실하게 되었다. 하나님께서는 이스라엘이 하나님의 온전하신 뜻 가운데 그 거룩한 사명의 자리로 다시 설 수 있게 되기까지 그들을 방랑하도록 하셨다. 이스라엘에게 깨달음의 시간을 주신 것이다. 결국 하나님의 백성, 아브라함의 자손 이스라엘은 예수님께서 오셔서 교회의 이름으로 부르실 때까지 흩어져 살게 된다.

신실한 다윗의 통치가 끝나갈 무렵 이스라엘은 이 위대한 왕의 후계자가 누구여야 할지 고민했다. 한 쪽은 아도니야를 옹호했다. 특히 옛 실로와 놉의 제사장들은 아도니야가 왕이 되어 자신들이 이전에 누리던 영광이 재현되기를 소망했다(왕상 1:7). 다른 한편은 솔로몬을 지지했다. 실로 계열 아비아달 제사장과 공동으로 대제사장직을 갖고 있던 사독은 솔로몬의 어머니 밧세바와 장군 브나야 등과 더불어 솔로몬을 왕으로 세워야 한다고 주장했다. 흥미롭게도 솔로몬을 지지하는 세력에는 유명한 선지자 나단도 포함되어 있었다. 결국 다윗은 자신을 잇는 이스라엘의 세 번째 왕으로 솔로몬을 선택하게 된다(왕상 1:32~35).

　　드디어 솔로몬의 시대가 열렸다. 솔로몬은 그야말로 이스라엘의 태평성대를 이루었다. 솔로몬의 초기 치세는 그의 영리함으로부터 기인했다. 그는 하나님께 지혜를 구했고 그 지혜로 나라를 잘 다스렸다(왕상 3:12). 그는 열두지파를 잘 통합했고 예루살렘을 중심으로 종교와 정치, 경제 모두를 중앙집권화 하는데 성공했다. 특히 아버지 다윗이 회개의 제사를 드렸던 아라우나의 타작마당에 지은 성전은 그의 예루살렘 집중 정책을 잘 설명하는 것이었다. 아울러 그는 게셀과 므깃도, 하솔 그리고 예루살렘을 견고한 철병거성으로 만들어 가나안을 오가는 모든 군사적인, 혹은 경제적인 왕래들을 통제했다(왕상 9:15~22, 10:26).

솔로몬은 그러나 치제 중반기를 넘어서면서 "여호와의 눈앞에서 악을 행하여 그의 아버지 다윗이 여호와를 온전히 따름과 같지 않았다."(왕상 11:6). 그는 많은 이방여자들을 자신의 왕궁으로 들였고 그 여자들이 가져온 우상들 즉, 모압의 그모스와 암몬의 몰록을 위한 신전을 예루살렘 앞산, 이방 여자들의 처소에 두었다(왕상 11:8). 하나님께서는 두 번이나 솔로몬에게 나타나셔서 그 악한 길로부터 떠나라 말씀하셨으나 솔로몬은 듣지 않았다(10). 하나님께서는 결국 이스라엘을 다윗과 솔로몬의 가문에게서 빼앗아 그 신하 즉, 여로보암에게 주기로 하셨다(11~13). 흥미롭게도 솔로몬의 통치하에서 실제로 하닷과 르손 그리고 여로보암 등에 의해 여러 차례 반란과 대적이 발생했다(왕상 11:23~40).

여로보암은 솔로몬이 죽은 후 망명했던 애굽으로부터 돌아와 북이스라엘을 세웠다. 솔로몬의 아들 르호보암이 솔로몬이 했던 국가 공사들을 더 가혹하게 하여 백성들을 힘들게 한데 저항하여 북쪽 열 지파가 르호보암을 불신하고 여로보암을 열지파의 새로운 왕으로 추대한 것이다(왕상 12:1~20). 북이스라엘의 왕이 된 여로보암은 세겜에서 왕이 된 후 우선 새 왕궁을 브누엘에 건축했다. 그는 이어서 북쪽 백성들이 예배와 제사, 절기를 위해 남쪽 예루살렘으로 가는 것을 막기 위해 남쪽 벧엘과 북쪽 단에 산당을 설치하고 솔로몬 성전을 닮은 제단과 금송아지들을 만들어 두었다. 그리고 북쪽 백성들의 남쪽 출입을 차단해 버렸다(왕상 12:26~29). 이로써 통일 왕국은 완벽하게 두 나라로 분열했다.

솔로몬
우리는 흔히 솔로몬이 지혜로운 왕이었다고만 알고 있으나 사실 성경은 솔로몬에게 과오도 많았음을 적시하고 있다. 어쨌든 그로 인해 이스라엘은 두 나라로 갈라지게 된다.

국가 분열 후 북 이스라엘은 외형적으로는 강력한 국가를 건설했다. 적어도 오므리 왕조와 예후 왕조는 주변 국가들 못지않은 국가 역량과 패권을 누렸다. 그런데 이 강력한 국가 역량은 결국 북이스라엘의 멸망을 자초하게 된 근원이 되었다. 당대의 강력한 제국으로 부상하던 앗시리아 제국에 저항하여 아람 수리아와 더불어 반 앗시리아 동맹을 결성한 것이다. 앗시리아는 결국 먼저 수리아 다메섹을, 다음에는 이스라엘의 사마리아를 멸망시키게 된다. 사실 성경이 이 시대를 바라보는 문제는 오므리 왕조의 아합으로 대표되는 종교적 타락이었다. 아합은 페니키아 두로와 시돈의 왕이었던 히람의 딸 이세벨과 결혼한 후 페니키나의 바알 및 아세라 신앙을 사마리아에 도입했다(왕상 16:31~33). 남 유다의 경우에는 북 이스라엘에 비해 훨씬 못 미치는 국력을 가졌었다.

한편, 남 유다는 히스기야 시절 한 때 앗수르 산헤립 왕과 그의 장군 랍사게의 공격을 잘 막아냈고 국가의 명맥을 유지할 수 있었다. 그러나 유다는 곧 친애굽 정책으로 전환하는 바람에 앗수르 이후 일어난 바빌론 느부갓네살에게 멸망당하고 만다(왕하 25:8~21). 사실 유다의 몇몇 왕들은 나라를 바른 길로 이끌기 위

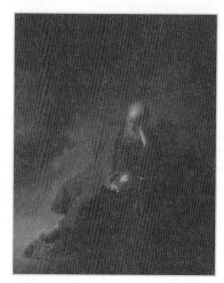

눈물의 선지자 예레미야, 네덜란드왕립박물관, 램브란트 작, 1630.

해 노력했다. 그러나 성전 중심의 완전히 바른 신앙을 회복하지는 못했다. 북이스라엘이 내내 벧엘과 단에 제단을 만들고 금송아지상을 유지한 것처럼, 남 유다는 꾸준히 예루살렘 성전을 대신하는 산당들(high places)을 두고 주변 이방신들을 섬기는 일들이 빈번했다. 유다의 왕들 가운데 몇몇이 비록 바르게 나라를 다스렸다고 해도 그들 역시 이 산당들 폐지하기를 꺼려했다(왕상 22:43, 12:3, 14:4, 15:4, 15:35). 단, 남 유다 후기 히스기야와 요시야 시대에는 이 산당들을 부수고 성전을 중심으로 하는 여호와 신앙을 회복하려 노력했다(18:4, 22:1~23:3). 이렇게 해서 이스라엘을 애굽으로부터 이끌어 내어 하나님의 제사장의 나라로 세상 가운데 세우려던 하나님의 계획은 이스라엘의 불순종과 범죄

로 잠시 유보되었고, 하나님의 백성들은 흩어져 오랜 기간 하나님의 회복 약속이 실현되기를 기다리며 살게 된다.

분열 왕국 시대 이스라엘 백성과 그 지도자들의 삶에 대한 평가는 역대기서에 잘 기록되어 있다. 솔로몬이 예루살렘에 성전 건축하기를 마쳤을 때 하나님께서는 솔로몬에게 나타나셔서 이렇게 말씀하셨다. "내가 이미 네 기도를 듣고 이곳을 택하여 내게 제사하는 성전을 삼았다"(대하 7:12). 다윗과 솔로몬의 시대는 분명 그 이전 "각자 자기 소견대로 살아가던" 이스라엘 백성들의 삶을 예루살렘 중심 왕권과 성전 중심 신앙으로 일치시키는데 나름의 효과를 거두었다. 그러나 하나님께서는 이스라엘 백성이 이 예루살렘을 중심으로 오히려 범죄하고 악행을 저지르면 그에 대해서는 심판하시겠다는 의지를 보이셨다. 하나님께서는 계속해서 "혹 내가 하늘을 닫고 비를 내리지 아니하거나 혹 메뚜기들에게 토산을 먹게 하거나 혹 전염병이 내 백성 가운데에 유행하게 할 때에 내 이름으로 일컫는 내 백성이 그들의 악한 길에서 떠나 스스로 낮추고 기도하여 내 얼굴을 찾으면 내가 하늘에서 듣고 그들의 죄를 사하고 그들의 땅을 고칠지라"고 말씀하셨다 (13~14). 결국 이스라엘은 솔로몬 이후 예루살렘과 하나님께서 약속하신 거룩한 땅에서 하나님께서 허락하신 왕권을 가지고 오히려 범죄하고 불순종하는 모습을 보였다. 결국 하나님께서는 역대하 7장 19~22절의 말씀대로 이스라엘을 멸망시키시고 그들을 모두 흩으셨으며 하나님 스스로 귀하게 여기신 성전조차 세상의 웃음거리가 되게 하셨다.

 ## 남북왕국 시대와 열강의 대립

솔로몬 이후 이스라엘이 두 나라로 갈라진 시대는 대체적으로 주전 10세기로부터 6세기에 이르는 약 400여년의 기간이다. 이 시기 세계는 소위 대제국들이 만들어지던 때였는데 우선 메소포타미아는 철기 문화가 널리 보급되고 강력한 군사체제를 갖춘 국가들이 세계를 호령할 만큼 거대한 영토를 거느리는 시대로 접어들었다.

오래전부터 호전적이고 군국적인 체제로 유명했던 앗시리아(Assyria, 성경의 앗수르)는 주전 10세기 후반 제국으로서의 면모를 급속도로 갖추기 시작했다. 신(新)앗시리아의 발흥이었다. 앗시리아는 주전 8세기와 7세기에 가장 번성했는데 동남쪽으로는 바빌론 일대와 메디아, 엘람을 정복했고 서쪽으로는 레반트 대부분을 복속시켰다. 이들은 심지어 레반트를 넘어서 제3중간기 말에는 이집트마저 자신의 세력권으로 포함시켰다. 특히 디글랏 빌레셀 3세(Tiglath-Pileser III, 주전 744년~주전 727년)는 아람 수리아를 멸망시키고 다메섹을 점령했으며 살만에셀 5세(Shalmaneser V, 주전 726년~주전 722년)와 사르곤 2세(Sargon II, 주전 721년~주전 705년)는 북이스라엘를 멸망시키고(주전 722년) 이집트의 오소르콘 4세를 앗수르의 발아래 머물게 했다. 이들을 이은 산헤립(Sennacherib, 주전 704년~주전 682년)은 블레셋을 복속시킨 후 남 유다의 라기스를 무너뜨린 뒤 예루살렘을 위협하여 조공관계를 형성했다(주전 702년). 이후 앗시리아는 약 70여 년을 계속 이어가다가 바빌론 분봉왕 나보폴라살(Nabopolassar)의 메소포타미아 연합군에 의해 멸망하게 된다.

*레반트(Levant)는 고대 근동 지역 가운데 가나안(지금의 이스라엘)과 아람(지금의 시리아), 페니키아(지금의 레바논), 그리고 모압, 암몬 그리고 에돔(지금의 요르단)이 있던 지역 일대를 가리키는 지명이다. 성경의 지명으로 보면 북쪽으로는 하란 일대와 남쪽으로는 사해 아래 아라비아 일대까지 그리고 서쪽으로는 지중해 연안을 포함한다. 말하자면 비옥한 초승달 지역이라고 불리는 곳 머리 부분의 넓은 지역이다.

앗시리아를 이은 제국은 바빌론(Babylonia)이었다. 바빌론은 오랜 세월 앗시리아인들의 지배를 받았는데 그 사이 그들은 바빌론에게 지속적으로 저항했다. 꾸준한 저항은 결국 나보폴라살에 이르러 성공하게 되고 그렇게 해서 신(新)바빌로니아 제국 즉, 성경의 바빌론이 역사에 등장하게 된다. 주전 620년부터 539년까지 이어진 이 거대한 제국은 주로 느브갓네살(Nebuchadnezzar II, 주전 605~주전 562년) 시절 크게 번성했다. 아버지 나보폴라살을 이은 느부갓네살은 앗시리아의 잔존세력과 연합한 이집트의 느고 왕을 격파하고 앗시리아 제국의 대부분 영토를 바빌론의 휘하에 포함시키게 된다. 그는 매우 강력한 왕이었으며 그의 강력한 왕권은 위대한 도시 바빌론의 탄생이 가능하게 했다. 바빌론은 당시에도 굉장한 도시였는데 도시 한 가운데 유프라테스 강물길이 운하로 흘렀고 도시 한 쪽 변의 길이는 약 21킬로미터에 달했다. 도시 한 복판에는 멋진 중앙 도로가 있었고 그 한쪽에는 성경 바벨탑의 모티브였던 에케네멘키 사원(Ekenemenki Temple)이 높이 솟아 있었다. 그리고 다른 한 편에는 느브갓네살 왕비의 향수병을 달래주기 위해 지어진 공중정원(the Hanging Garden)이 있었다. 바빌론은 특히 기원전 586년 예루살렘을 점령하고 도시와 성전을 파괴한 뒤 사람들을 바빌론으로 끌고 갔다. 유명한 '바빌론 유수(the Babylonian Captivity)였다. 강력한 바빌론 제국도 그러나 오래 가지 못했다. 주전 539년 나보니두스가 아들 벨사살에게 통치를 위임하고 있던 시절 제국은 동쪽 페르시아의 고레스 대왕과 메디아 연합군의 침략으로 맥없이 무너졌다.

한편으로 이집트는 어려운 상황이 이어졌다. 신왕국 시대가 끝나고 제3중간기(주전 1069년~664년)에 접어든 이집트는 제20왕조로부터 제25왕조에 이르는 여러 왕조들이 명멸을 거듭했다. 더이상 옛날의 위대한 이집트가 아니었다. 사실 22왕조 대에 파라오 시삭(Shoshenq I, 주전 943년~922년)은 잠시 이집트의 영향력을 아시아 일대에까지 펼치려 했다. 그리고 그의 점령 전쟁은 매우 성공적이었다. 그는 르호보암 시절 예루살렘을 점령하여 솔로몬의 보물들 대부분을 탈취해 갔다. 그러나 그의 치세는 오래 이르지 못했고 이집트는 다시 침체기에 접어들었다. 성경은 다소 애매한 이름의 파라오 '소(So)'에 대해서도 언급한다(왕하 17:4, 아마도 제25왕조의 첫 왕 피예, Piye). 르호보암 시대로부터 꽤 시간이 흐른 북 이스라엘의 마지막 시절, 호세아 왕이 앗시리아에 저항하며 이 이집트 파라오에게 의지했다는 것이다. 그러나 앗시리아는 북 이스라엘을 멸망시키고 곧 이 이집트를 복속시켰다. 이후 이집트에는 친 앗시리아 정권이 들어선 듯하다. 제26왕조의 두 번째 왕 느고(Necho II, 610년~595년)는 주전 601년 앗시리아가 약화된 틈을 타 아시아에 진출했는데 이 때 유다의 요시야가 므깃도에서 그를 막아섰다. 그러나 느고는 요시야를 므깃도에서 격파하고 북쪽 오론테스 강까지 성공적으로 진출했다. 이때 레반트 일대는 확실히 느고의 수중에 들어간 듯 했다. 이집트의 아시

이집트의 쇠락
중왕국 19왕조 이후 이집트는 쇠락의 길을 걷는다. 일설에는 블레셋의 호전성이 결국 이집트를 쇠락의 길로 몰았다고 한다. 이집트의 쇠락은 메소포타미아 일대의 강력한 제국들이 일어나는데 결정적인 요인이 되었다.

아 지배력은 옛 영광을 회복하고 강화된 듯 했다. 그러나 그것은 그의 자만이었다. 그는 이집트의 레반트 지배권을 확고하게 하려 했던 두 번째 진출에서 바빌론의 용맹한 왕세자 느브갓네살에게 패배했다. 이후 느고는 시나이반도에 이르는 지배권을 바빌론에게 넘겨주고 숨죽이고 지내야 했다. 사실 느고는 이후에도 지속적으로 야망을 드러냈다. 아시아에 대한 지배가 불가능해지자 그리스와 페니키아와의 관계 회복 및 강화에 적극적으로 시도한 것이다. 어쨌든 이집트는 이후 헬라 프톨레미 시대에 이르기까지 타 지역을 감히 넘보지 못하게 되었다.

다른 한편 이스라엘의 가나안 정복 시기 나타났던 아모리인들은 다메섹을 중심으로 자리를 잡고 국가의 형태를 띠기 시작했다. 아람 수리아(Aram-Syria)이었다. 이들은 특히 앗수르가 크게 강화되는 초기 그 지역의 유력한 강자로 자리 잡고서 북이스라엘과 경쟁했다. 사실 아람은 다윗과 솔로몬 시기까지는 힘을 발휘할 수 없었다. 이스라엘이 강했기 때문이다. 그러나 솔로몬 사후 솔로몬에 반기를 들었던 르손이 왕이 되면서 새로이 번성의 길을 걷게 된다. 그들은 한 때 동쪽으로 크게 진출하여 바빌론 분봉왕의 위를 찬탈하고서 자신들의 왕을 세우기도 했다. 이후 앗시리아가 크게 확장하면서는 하맛, 페니키아 그리고 북이스라엘과 더

분열왕국과 멸망 시대 고대 세계 역사

이집트		그리스 / 터키	메소포타미아	이스라엘
제3차 중간기	제21왕조 제22리비아왕조 제23리비아왕조		신앗시리아왕국	**남북이스라엘 분열** 이집트 시샥이 남유다 침략
	제24왕조 제25누비안왕조	그리스 폴리스 들의 성립 지중해 일대 식민지 건설	아람·수리아 멸망	**북이스라엘 멸망** 아시리아 산헤립이 남유다 침략
후기왕국	제26왕조		신바빌로니아왕국	**남유다 멸망** 이집트 느고의 침략
	제27왕조	이태네민주정 서쪽 리디아 페르시아에 멸망	페르시아	**포로 귀환**

주전 900
800
700
600
500

불어 연합군을 형성하여 앗시리아에 저항했다. 그러나 그 저항은 오래가지 못했다. 앗시리아의 디글랏 빌레셀이 주전 740년 다메섹을 정복하고 사르곤 2세가 기원전 720년 최종적으로 다메섹을 무너뜨리면서 아람은 완전히 멸망하게 된 것이다. 이후 아람사람들은 바빌론에 자연스럽게 편입되어 역사에서 사라지게 된다.

 ## 왕국 분열과 멸망의 이야기들

애굽이 쇠약해지고 앗수르가 강력해 지던 시절, 이스라엘은 하나의 왕국으로서 안정적으로 나라를 만들어 갈 수 있었다. 그러나 그것도 잠시, 솔로몬 시대를 지나고 국가는 두 개로 분열되었으며, 열강은 다시 강력해져 이스라엘의 두 작은 나라는 숨 쉴 틈조차 얻지 못했다. 더군다나 갈라진 두 나라의 지도자들과 백성들은 하나님의 뜻과 말씀 가운데 결속하는 길을 찾지 못했다. 간간히 위기 상황을 모면할 만한 왕들과 지도자와 특히 선지자들의 활약이 있었으나 다가오는 파국은 막지 못했다. 두 나라의 내부 상황은 사실 매우 절망적이었다. 북이스라엘은 패악한 왕들과 지도자들의 전횡이 점점 심해져갔다. 그들의 악한 태도와 행동은 더 이상 회복할 길을 찾지 못하겠다고 선지자들이 한탄할 정도였다. 남 유다는 상대적으로 회생의 가능성들이 간간히 보였다. 간혹 정신을 차린 왕들은 선지자들의 권고를 귀 기울여 듣기도 했다. 그러나 지도자들의 영적 안목은 점점 좁아져 극복하기 어려운 두터운 퇴적물처럼 되었다. 결국 북 이스라엘과 남 유다 모두는 멸망의 길로 서서히 들어서게 된다. 성경은 이 모든 상황들을 매우 진솔하게 그리고 열정적인 언사로 담아내고 있다.

1. 솔로몬의 번영과 심판 (왕상 3:10~15, 4:29~31, 11:6~13)

다윗의 대를 이은 솔로몬은 당대의 크고 지혜로운 왕이 되었다. 그는 우리가 알고 있는 성전 건축 외에도 무수히 많은 부분에서 지혜롭고 강력한 왕권의 본보기가 되었다. 그는 우선 내치를 안정시키고 나라의 국부를 쌓는데 최선을 다했다. 그는 하솔과 ① 므깃도, 게셀과 예루살렘 등에 분견대를 파견, 철병거성을 만들었다. 여러 곳에 국고성 및 지방 통치 근거지들을 두었으며 각 지파의 대표자들을 자신의 신하로 삼았고 그 신하들을 각 지파를 다스리는 지방장관들로 파견했다. 그는 무엇보다 국외의 여러 나라들과 외교적인 관계를 잘 형성했는데 물산이 풍부한 두로와 시돈과의 관계를 특히 중요하게 생각했다(왕상 5:1~12). 특히 홍해의 무역을 관장하고 있던 스바의 여왕은 솔로몬의 명성을 듣고 예루살렘을 직접 방문하기도 했다(왕상 10:1~10). 솔로몬은 무역에도 재능을 보였다. 많은 나라들이 그와 무역을 했고 예루살렘과 이스라엘은 페니키아와 홍해, 아프리카 이집트와 메소포타미아의 중간지대에서 꽤 많은 수익을 남겼다. 그는 이제 재산과 지혜에 있어서 어느 왕보다 큰 자가 되었다(10:23). 그러나 솔로몬은 곧 왕권제도가 갖는 폐해에 빠져들었다. 그가 부강한 이스라엘을 만드는 와중에 국내에는 많은 문제들이 발생하기 시작했다. 우선 국민들이 과도한 부역에 시달렸다. 근 20년에 이르는 성전 건축과 왕궁, 및 국고성과 병거성 건축은 국민들에게 큰 희생과 고통을 안겨주었다. 무엇보다 그는 수많은 나라들과의 외교관계 형성의 부산물로 이방여자들과의 정략결혼이라는 문제를 일으켰다. 그 여자들은 이스라엘에 이방의 풍습을 가져왔다, 특히 모압과 암몬의 그모스와 몰록은 이스라엘에게 큰 문제가 되었다. 하나님께서는 솔로몬에게 경고하셨다. 그러나 그는 당장 돌이키지 않았다. 그가 이룬 부와 명성이 아까웠던 것이다. 하나님께서는 결국 솔로몬이 스스로 부강하다 자부하는 나라를 둘로 쪼개기로 하신다. 사실 이후 솔로몬은 회한에 잠겨 후회의 날들을 보냈다. 그는 그의 젊은 날을 회고하며 후대에게 중요한 교훈집을 남겼는데 사람들은 그것을 전도서라고 부른다.

2. 벧엘과 단 그리고 산당들 (왕상 12:25~13:34)

솔로몬의 아들 르호보암의 압제적인 통치는 왕국이 둘로 나뉘게 되는 결정적인 이유가 되었다. 북쪽 나라에 가담한 지파는 르호보암이 소속된 유다 지파 그리고 벤야민 지파를 제외한 열 개 지파였는데 이 지파들은 세겜에서 한 때 솔로몬에게 반기를 들었던 여로보암에게 왕의 위를 바쳤다. 여로보암은 즉시 열 개 지파를 결집시킨 뒤 브누엘에 자신의 왕궁을 건축했다. 문제는 종교 및 종교와 관련된 관습 문화였다. 이스라엘 백성들이 한결같이 중요하게 생각하는 여호와 하나님의 거룩한 법궤는 솔로몬이 예루살렘에 성전을 건축한 뒤 그 곳 지성소로 들어갔다. 자연스레 예루살렘은 이스라엘 열 두 지파 모두에게 중요한 장소가 되었다. 그들은 하나님의 성소로 나아가는 일을 일생의 중요한 일로 여겼다. 나라가 나뉘게 된 후에도 이 관습은 여전했다. 북쪽 나라 백성들은 여전히 예배를 위해 절기를 지키기 위해 습관적으로 예루살렘을 방문했다. 여로보암은 조바심이 났다. 이런 식으로 자기 백성들이 남쪽 르호보암의 나라를 왕래하다보면 북쪽 자기 나라가 온전하지 못할 것 같았다. 결국 여로보암은 남쪽 에브라임 지파 영역과 벤야민 지파 경계 영역 사이에 있던 ② 벧엘과 북쪽 갈릴리 호수 위, 헐몬산 아래, 단지파가 옮겨가 살던 ③ 단이라는 곳에 솔로몬 성전을 닮은 전과 제단을 만들었다. 그리고 그 곳 전

산당 high places
성전이 세워지기 전 아직 실로 회막의 종교적 영향력이 강력하지 못하던 때 이스라엘에는 각 지역 높은 곳에 일종의 작은 신전을 차려놓고 거기서 하나님을 예배했다. 그러나 이런 식의 종교생활은 곧 가나안의 여러 신들과 여호와 하나님을 혼동하는 결과를 초래했다. 솔로몬의 예루살렘 성전은 우상숭배와 잘못된 신앙의 근거지인 산당을 일소하는 중요한 시발점이 된다.

분열된 남왕국

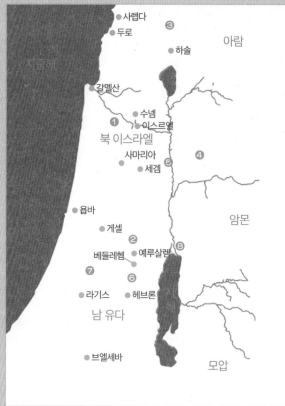

사렙다
두로
③
하솔
아람
지중해
갈멜산
수넴 ①
이스르엘
북 이스라엘
사마리아
세겜 ④
⑤
욥바
게셀
② ⑧
베들레헴 ⑦ 예루살렘
⑥
라기스 헤브론
암몬
남 유다
브엘세바
모압

1. 본문의 지명 중 번호가 매 겨진 부분을 찾아 지도와 확인한 후 아래의 빈 칸을 채워봅시다.

❶
❷
❸
❹
❺
❻
❼
❽
❾
❿

2. 성경지도를 참고하여 이스 라엘 남북왕국시대 주요 영역과 각 제국의 최대정 복영역을 그려봅시다.

고대 근동의 주요 제국들과 국가들

히타이트
지중해
페르시아 ⑨
⑩
이집트

에 금으로 송아지상을 만들어 백성들에게 예배하게 했다. 백성들이 즐겨할만한 고대로부터 전수된 편리한 종교 장치(바마, bamah)를 재생하여 백성들의 남북 교류를 가로막은 것이다. 당연히 남쪽 제사장들과 종교지도자들은 반발했다. 남쪽에서 온 하나님의 사람은 벧엘의 여로보암이 만든 제단 앞에서 온갖 저주를 퍼부었다. 그럼에도 여로보암은 벧엘과 단에서의 예배를 장려했다. 솔로몬 시대에 겨우 근절되기 시작한 소위 '산당(high place)' 예배가 재발하기 시작한 것이다. 이후에도 벧엘과 단의 제단과 금송아지상들은 파괴되지 않았다. 오므리왕조를 이은 예후도 바알과 아세라 선지자들은 모두 죽였을지라도 이 산당 예배는 근절하지 않았다(왕하 10:28~29). 부연하자면 산당은 남쪽 유다에서도 문제였다. 유다의 대부분 왕들은 이런 식의 산당들에서의 예배가 근절되어야 함을 알고 있었으면서도(신 12:1~32). 그들은 솔로몬 이후 지은 예루살렘 성전 중심의 신앙을 유지하지 못했다. 사실 몇몇 왕들은 드러내놓고 그모스와 몰록 같은 가나안의 신들을 섬기기도 했다. 그렇게까지 심하지는 않았다 해도 남쪽나라 대부분 백성들과 왕들은 이곳저곳의 산당에 주상을 만들어 두고 그곳에서 하나님을 찾았다. 산당에서의 예배는 남북왕조 내내 이방의 우상숭배와 더불어 심각한 종교적인 문제들을 낳았다. 이 문제를 근절시킨 것은 히스기야와 요시아대에 이르러서이다.

3. 선지자들 : 회복을 향한 메시지들

남북 왕조 두 나라가 이렇게 종교적으로 혼탁해져갈 때 하나님의 기름 부음 받은 종 가운데 한 부류인 선지자 그룹의 활동은 매우 두드러지게 그 특색을 드러냈다. 원래 이스라엘의 선지자(navi, prophet)는 신명기 18장 18절의 "내가 그들의 형제 중에서 너와 같은 선지자 하나를 그들을 위하여 일으키고 내 말을 그 입에 두리니 내가 그에게 명령하는 것을 그가 무리에게 다 말하리라"는 구절에 근거한다. 즉, 하나님의 말씀을 대언하는 사람을 말하는 것이다. 초기 하나님의 선지자는 노아나 아브라함, 족장들, 그리고 모세와 여호수아 등 직접 하나님의 음성을 듣고 그 말씀을 백성들에게 전하던 정치 혹은 경제 지도자들과 동일 인물이었다. 적어도 이 전통은 사사시대까지는 잘 유지된 것으로 보인다. 그래서 우리는 사무엘이나 엘리 등의 후기 사사들 역시 하나님의 선지자들로 볼 수 있다. 상황은 그러나 점차 달라졌다. 이스라엘이 국가적인 체제를 갖추기 시작하는 시점으로부터 하나님의 종으로 기름부음을 받는 지도자는 정치적인 왕과 종교적 공적 업무 수행자로서 제사장 그리고 선지자 세 종류의 직으로 구분되기 시작했다. 이 가운데 왕과 제사장은 다윗 시대와 솔로몬 시대를 거치면서 예루살렘에 확실한 위치를 확보하기 시작했다. 그들은 예루살렘 시대가 열리게 된 이래 예루살렘의 정치와 종교에 관한 주인 행세를 하게 되었다. 그런데 선지자들은 달랐다. 하나님의 말씀을 듣고 그 말씀을 대언하는 선지자들에게는 공적인 지위 부여가 쉽지 않았다. 그들은 결국 정치적으로 종교적으로 협력관계를 형성하는 왕과 제사장 그룹과 대척점을 형성하기 시작했다. 이렇게 되자 선지자들은 왕의 궁정으로부터 그리고 예루살렘이나 각종 종교적인 중앙무대로부터 점차 멀어지기 시작했다. 사무엘과 사울의 관계에서 사무엘은 언제나 사울보다 우위를 점했다. 그런데 갓과 나단의 경우에는 다윗과 거의 대등한 관계를 형성하기 시작했다. 그렇다 해도 다윗은 항상 갓과 나단 같은 하나님의 선지자들의 이야기를 귀담아 들었다. 그런데 솔로몬의 시대에 들어 둘 사이 관계는 더더군다나 갈리기 시작했다. 적어도 우리는 솔로몬 시대와 르호보암 그리고 여로보암 시대에 이르러 이름을 드러낸 선지자를 보기가 어렵다. 그들은 왕궁이나 성전, 심지어 왕의 보호아래 있던 산당들로부터도 밀려나기가 일쑤였다. 그렇게 왕궁과 성전이 있는 수도로부터 밀려난 선지자들은 그 활동 무대를 주변부로 옮겨가기 시작했다. 우리는 적어도 이사야, 예레미야를 제외한 대부분의 선지자들이 권력과 종교의 중심으로부터 벗어난 곳에서 권력의 중심을 향해 하나님의 말씀을 선포했다는 구도를 유심히 보아야 한다. 엘리야는 ④ 디셉이라는 한미한 곳 출신이었으며, 엘리사는 ⑤ 아벨므홀라, 아모스와 호세아는 ⑥

드고아와 실로, 미가는 ⑦ 모레셋가드, 나훔, 스바냐, 하박국 등은 ⑧ 엘고스에서 당대 세상의 중심을 향하여 비판적인 활동을 했다. 그 자리를 이은 신약시대의 선지자로 우리는 세례요한을 떠올릴 수 있다.

선지자 전통 구약성경에서 선지자들의 전통은 왕정시대에 급속도로 발달했다. 백성들의 선지자들에 대한 존경심은 대단했다. 엘리사는 여리고에 선지자들의 학교를 둘 정도였으며, 예레미야 역시 자신의 선지자 활동을 기록하는 서기를 두기도 했다. 일반적으로 가장 먼저 일어난 선지자는 모세로 여겨진다. 이후에도 선지자 전통은 꾸준히 이스라엘 백성들의 영적 흐름과 궤를 같이 했다. 심지어 선지자 전통은 바벨론 포로기 이후에도 이어졌다. 다니엘이나 에스겔, 오바댜 등은 포로기 시절의 선지자로 유명했으며, 우리가 아는 말라기나 스가랴, 학개 등은 포로기 이후 이스라엘이 유대 땅에 다시 정착하던 시절 활동했던 사람들이다. 기독교에서는 일반적으로 선지자 활동이 세례요한으로 끝나게 되었다고 말하기도 한다. 하지만 바울은 그의 편지들에서 예언 활동이 초대교회에서 계속되고 있음을 언급하기도 했다.

4. 제국들과 남북왕국의 멸망 (왕하 17:3~6, 왕하 25)

북 이스라엘은 사실 강력한 국가였다. 아합의 시대에 북 이스라엘은 전투용 병거가 일천 대에 이르렀다는 기록도 있다. 아합은 그래서 통치 내내 주변 나라들을 위협할 수 있을 수준의 국력을 유지했다. 다메섹의 왕은 도시에 아합의 거리를 둘 정도였다. 그러나 아합이 죽은 이후 이스라엘은 주변 국가들 특히 아람 수리아의 위협에 시달렸다. 그리고 결국 아람 수리아의 영향력 아래 있게 된다. 이 시기 ⑨ 앗수르는 새로운 패자로 떠오르게 되었다. 앗수르의 디글랏베레셀 왕은 일단 시리아를 무너뜨렸다. 이후 앗수르는 살만에셀에 이르기까지 북 이스라엘과 남유다 모두에게 조공을 받았다. 그런데 이 상황에서 북 이스라엘은 친 애굽 정책을 펼쳤다. 애굽 왕 소(혹은 피예, Piye)와 결탁하여 앗수르에게 저항한 것이다. 결국 앗수르의 사르곤 2세는 다시 군사를 일으켜 애굽을 저지하고 그리고 북 이스라엘의 사마리아를 멸망시키게 된다. 사마리아의 멸망은 매우 잔인했다. 사르곤은 그 도시 거민들을 모두 퇴거시키고 앗수르 지배하의 고산 강과 할라와 하볼과 메데 등에 흩어버리게 된다. 성경은 북 이스라엘의 멸망에 대해 이런 기록을 남겼다. "이 일은 이스라엘 자손이 자기를 애굽 땅에서 인도하여 내사 애굽의 왕 바로의 손에서 벗어나게 하신 그 하나님 여호와께 죄를 범하고 또 다른 신들을 경외하며 여호와께서 이스라엘 자손 앞에서 쫓아내신 이방 사람의 규례와 이스라엘 여러 왕이 세운 율례를 행하였음이라"(왕하 17:7~8).

남 유다의 경우 우선 히스기야 시절 앗수르의 산헤립의 공격을 어렵사리 막아내기는 했다. 히스기야와 이사야는 서로 협력하여 라기스를 점령하고 예루살렘 코앞으로 밀고 들어온 앗수르 군대를 겨우 물리쳤다(왕하 18:13~19:37). 일단의 위기를 넘긴 유다는 그러나 국가로서의 체계를 거의 유지할 수 없게 되었다. 국부의 대부분과 아울러 경제적으로 중요한 라기스를 앗수르에게 철저하게 유린당한 것이다. 이후 유다는 겨우 국가의 명맥을 유지

제국Empire
분열왕국시대에 접어들면서 이스라엘 백성들은 본격적으로 동방의 제국들에게서 영향을 받기 시작한다. 제국이란 일반적으로 한 개의 왕국이 주변의 왕국들을 정복 흡수하여 정복국가의 봉신으로 만들고 다스리는 국가 형태를 말한다. 앗수르, 바빌론, 페르시아, 헬라 그리고 로마 등이 제국들이었다.

하게 된다. 요시야대에 이르러 북 이스라엘의 영토 일부를 회복하는 등 잠시의 중흥기를 맞이하게 되기는 하지만 그래서 종교적으로도 많은 부분 개혁과 부흥을 이루게 되지만(왕하 23:4~25), 그것은 어디까지나 앗수르와 ⑩ 바빌론의 국가 교체기의 와중이었을 뿐이다. 수세기 동안 앗수르의 압제적인 통치를 받던 갈데아의 바빌론 사람들은 주변국의 도움으로 반 앗수르 반란에 성공했다. 이어서 그들은 앗수르를 돕기로 한 애굽의 느고마저 무찌르게 된다. 이 때 느고는 자신을 반대하던 요시야와 그 군대를 궤멸시키고 북쪽 오론테스강까지 호기롭게 진출했었다(왕하 23:29). 그러나 곧 느고는 강력한 바빌론 군대를 상대하여 크게 패하고 말았다. 그리고 다시는 가나안과 레반트 지역을 탐내지 못하다가 결국 느브갓네살에게 완전히 멸망당하고 만다. 한편 유다는 애굽의 편에 섰다는 이유로 느브갓네살에게 큰 고초를 겪게된다. 예루살렘은 결국 애굽과 바빌론 사이에서 외교적인 위치를 확보하지 못하여 지속적으로 바빌론에게 유린당했다. 우선은 기회주의자였던 여호야김 왕 때에 한 번 유린당했고 이 때 다니엘을 비롯한 많은 젊은이들을 포로로 내주었다(왕하 24:1). 그리고 그의 아들 여호야긴 때에 또 한 번 유린을 당했다(왕하 24:10). 그리고 마지막으로 시드기야 때 시드기야가 애굽으로 돌아서는 바람에 예루살렘은 다시 포위를 당했고 이번에는 완전히 멸망당하게 된다(왕하 24:20~25:21).

하나님의 백성들 그 행복한 지위를 상실하다

　선지자들의 권고는 매우 강력했고 치열했으며 간절했다. 그러나 남 유다나 북 이스라엘이나 종교지도자들의 권면을 귀담아 듣는 경우는 극히 드물었다. 우선 각 나라의 지도자들은 자신들의 현재 지위가 대단한 것인 양 그리고 영원하리라는 양 그렇게 교만하게 행동했다. 그들은 그들의 욕심으로 얻은 지위를 자랑했으며 그것으로 스스로 하나님인양 더 높아지려 했다(왕상 12:25~33) 나아가 그들은 무엇보다 그 일천한 지위를 가지고서 자기 백성들을 고통스럽게 만들고 그들을 곤고함 가운데로 빠트렸다(암 2:6~8). 그들은 지도자로서 하나님께로부터 위임받은 사명에 충실하지 않았을 뿐 아니라 그 지위를 남용했다. 북 이스라엘과 남 유다의 교만함이 지도자들에게 한정된 것은 아니었다. 백성들 역시 지도자들의 잘못된 인도를 묵인하고 오히려 그들이 인도하는 불의한 길을 즐기는 모습을 보였다. 그들은 하나님의 거룩한 성전을 멀리하고 산당들이나 자기 집의 사적인 제단에서 우상숭배하는 일을 즐겼고 그렇게 우상숭배를 문화적으로 장려하는 잘못을 저지르기도 했다(암 5:5). 이렇게 남쪽과 북쪽 나라 모두는 하나님 보시기에 옳지 못한 행위들로 빠져들었고 지도자들은 백성들을, 백성들은 백성들 서로를 불의하게 다루고 함부로 괴롭히는 일들을 버젓이 자행했다. 하나님께서 그들을 애굽땅 종살이로부터 이끌어 내셔 당신의 약속하신 땅으로 인도하여 내신 후 정의와 평화가 강같이 흐르는 거룩하고 공의로운 나라를 이루시리라는 비전은 휴지조각처럼 버려졌다. 결국 하나님께서는 당신의 가장 사랑하는 백성들을 그 자리로부터 내려서도록 하셨다. 그리고 다시 포로가 되게 하시고 고통 받게 하셨다. 그러나 하나님께서는 당신의 백성들을 다시 회복시키실 것을 미리 말씀하셨다(사 6:13). 하나님은 당신의 선택하신 백성들을 벌을 주실지언정 함부로 버리는 분이 아니신 것이다. 이제 하나님의 백성들은 다시 남의 나라에서 유리하는 백성이 되어 고통 받으며 살게 되었다. 그리고 언젠가 포로된 상황으로부터 해방되어 새로운 이스라엘로 부르심을 받을 그 날을 기다리게 되었다(사 66장).

Q 이 과를 통해 새롭게 알게 된 것은 무엇입니까? 기록해 봅시다.

Q 이 과를 통해 배우고 깨달은 바를 적어보고 가족이나 친구, 동료들과 나누어봅시다.

TBM성경지리공부시리즈

BIBLE TRAVEL

05

예수님과 새로운 하나님의 백성

하나님의 아들 예수님께서
새로운 하나님의 백성 공동체를 부르시고
그들과 더불어 십자가를 통해
새로운 하나님 나라를 세워 가신 이야기를 배웁니다.

스룹바벨과 느헤미야 그리고 에스라로 이어지는 포로 귀환은 놀랍고 큰 사건이었다. 그들은 약속의 땅으로 돌아와 성전을 중수하고, 예루살렘을 보수했으며, 귀환자들의 영혼을 하나님의 말씀 앞으로 회복시키기 위해 노력했다. 포로로 살았던 곳으로부터 돌아왔을 때 그들에게는 열정과 희망이 있었으며 의지도 확고했다. 그들은 다시 하나님의 백성으로 살기로 확고하게 결단했다. 그러나 그 결단은 오래가지 못했다. 그들은 다시 타락했고 이전보다 더 완고해졌다. 무엇보다 심각했던 것은 지나친 선민의식과 과도한 자기중심주의였다. 그들은 사마리아의 동료들을 멸시했다. 그들은 심지어 갈릴리에 사는 같은 민족마저 차별하는 태도를 보였다. 당시 주류를 이루고 있던 유대주의자들은 소위 유아론(唯我論)에 젖어갔다. 이런 상황 속에서 메시아 예수 그리스도의 등장은 유대인과 유대교 입장에서 낯설지 않으면서도 전혀 새로운 등장이었다. 예수님께서는 유대교가 신봉하는 구약의 하나님 말씀에 집중하셨지만 유대주의자들처럼 자기중심주의에 빠져들지 않으셨다. 예수님께서는 하나님의 나라를 선포하셨다. 예수님께서는 열 두 제자를 통해 새로운 하나님의 백성 공동체를 모으시고, 그들과 더불어 주변부에 선 사람들, 외면당하고 차별당하는 사람들, 그리고 죄인 취급 받는 이방인마저도 아우르는 새로운 하나님 나라의 비전을 제안하셨다. 예수님께서 제안하신 하나님 나라의 중심에는 유아론의 상징 예루살렘 성전이 없었다. 중심에 선 것은 오히려 예수님 자신의 십자가였다. 이제 누구든 지 예수 그리스도의 이름을 믿고 그 도를 따르면 하나님의 구원, 하나님의 나라의 평안을 경험하게 될 것이었다.

 Theme 예수 그리스도, 흩어진 양들을 다시 모으다

주전 589년경, 남 유다는 완전히 멸망했다. 백성들 가운데 높고 고결한 자리를 차지하고 있던 사람들, 그중에 특히 젊은이들은 모두 바벨론에 포로로 잡혀갔다. 바벨론에 반대하던 지도층 일부는 선지자 예레미야를 끌고 이집트로 망명해버렸다. 빈껍데기 예루살렘에 버려진 나머지 백성들은 목자 없는 양들처럼 흩어졌다. 예루살렘은 70년간 방치되었다. 지역의 중심 역할을 한 곳은 오히려 사마리아였다. 메소포타미아로부터 파견된 관리들이 사마리아에서 예루살렘과 팔레스타인 전역을 감시하며 통치했다(스 5:3, 6:6). 그렇게 70년이 지나고 거류민이 된 이스라엘 백성들은 스룹바벨과 제사장 여호수아(예수아)의 영도 아래 그리고 느헤미야 및 에스라의 인도 하에 예루살렘에 복귀했다고 성경은 이야기한다(스 2:2, 느 1:1~2:9, 스 7:1~8). 그러나 이 복귀와 예루살렘 성전의 재건은 불완전한 것으로 볼 수밖에 없다. 스룹바벨과 느헤미야, 그리고 에스라로 대표되는 이스라엘의 회복은 어디까지나 일부의 회복이었다. 하나님의 통치 즉, 하나님으로부터 세움 받은 종 다윗 가문의 통치가 완전히 회복되지 않은 것이다. 하나님의 백성들의 진정한 회복은 다윗의 계보를 잇는 메시아의 도래와 이로 인해 하나님 나라로 최종 완성이 그것이다(사 11:1,10, 미 5:2, 렘 30:6~10, 겔 34:23, 호 3:5, 암 9:11). 그 메시아가 올 때까지 이스라엘 곧 하나님의 백성들은 흩어져 목자 없는 양과 같이 살아야 했다(겔 34:9~24).

요한은 요단강 근처 광야에서 곧 오실 메시아를 적극적으로 기다렸다(마 3:1). 그는 약대털 옷을 입고 메뚜기와 석청을 먹으며 메시아로 오실 그 분을 기다렸고 하나님의 백성들을 새로운 모습으로 준비시켰다(마 3:2~6). 그는 메시아로 오시는 그 분을 따를 자격이 있는 사람들은 회개하고 세례를 받은 사람들이라고 말했다(마 3:6, 8~9). 그는 이미 하나님의 백성들이라고 선언한 유대인들이라도 오실 메시아 앞에서 회개하고 그 뜻에 합당한 열매 맺는 삶을 살지 못하면, 메시아의 도끼가 그 나무를 찍어 불 속에 던져질 것이라고 말했다(9~10).

예수님은 다윗의 자손으로서 옛 다윗성 베들레헴에서 태어나신 후(마 1:18~2:12), 나사렛에서 자라셨으며, 삼십 세 쯤 되었을 때 세례요한에게서 세례 받으신 후 메시아로서 공적인 사역을 시작하셨다. 구체적으로 예수님은 세례 요한이 잡히고 처형당한 후 공생애를 시작하셨다(마 4:12). 예수님의 사역은 크게 세 갈래로 나눌 수 있는데 첫째는 갈릴리를 중심으로 하는 하나님의 백성들

예수님의 사역
예수님의 사역은 여러 면에서 구약의 예언 전통이 말하는 메시아 사역과 연결되어 있다. 예수님의 베들레헴 탄생이나 나사렛 성장 그리고 갈릴리 사역이나 예루살렘 입성 등은 모두 예언서에 언급된 것들이다.

을 위한 사역이다. 둘째는 사마리아를 비롯한 이방인 지역에서의 사역, 그리고 마지막으로 십자가 죽으심을 위한 예루살렘 사역이다.

마태를 부르심, 로마 산 루이지 데이 프란체시 성당, 카라바지오 작, 1600년.

먼저 예수님은 요한에게 세례를 받으시고 광야에서 마귀에게 시험 받으신 후(마 4:1~11, 눅 4:1~13), 갈릴리에서 사역을 시작하셨다. 갈릴리에서의 사역은 가나 혼인잔치에서 물을 포도주로 바꾸신 사건이 그 시작이었다(요 2:1~11). 예수님께서는 보통 이방인의 땅이라 불리는 갈릴리에서 열 두 지

파로 상징되는 제자들을 세우셨다(마 10:2~4). 그리고 그들에게
부름 받은 하나님 백성에 어울리는 새로운 삶의 질서를 가르치셨
다(마 5~7장). 예수님은 제자들과 더불어 하나님 나라를 선포하
기 시작하셨다. 예수님께서 갈릴리에서 행하신 하나님 나라 사역
은 크게 선포와 치유로 대비된다. 예수님께서는 갈릴리 사람들이
목자 없는 양 같이 유리하는 것을 불쌍하게 여기시고 당신 스스
로 그리고 제자들을 앞세워 그들에게 보내셔서 그들의 삶을 치유
하고 회복하여 다시 부흥하게 하셨다(마 10:10:5~8, 막 6:34, 눅
10:9).

예수님께서는 곧 갈릴리 지경을 넘어서 보다 넓은 곳, 이방의
땅들에서 메시아 사역을 전개하셨다. 예수님께서는 먼저 가이사
랴 빌립보 즉, 로마와 헬라 사람들이 주로 거주하는 지역으로 가
셔서 그 곳에서 당신이 모든 생명의 참 근원이 되시리라고 선언
하셨다(마 16:13~20). 또 예수님께서는 "저 편으로 건너가자"고
하신 후 갈릴리 유대인 거주 지역을 벗어나 주로 헬라인들과 그
문화가 가득한 데가볼리 거라사로 가셔서 그 이방 땅에서도 하나
님의 나라를 선포하셨다(막 4:35~5:20, 눅 8:26~39). 마지막으로
예수님께서는 유대인들이 경멸하는 사마리아 사람들이 사는 곳
으로 가셨다. 예수님은 그곳 사람들에게도 하나님의 나라를 선포

하며, 예루살렘이나 그리심 산이 아닌 마음으로 하나님께 예배할 때가 왔음을 전하셨다(요 4:1~42). 예수님의 사역은 유대인들을 포함하는 세상 모든 사람들을 향한 것이었으며 그들을 새로운 하나님의 백성의 자리로 부르셨다.

마지막으로 예수님께서는 예루살렘의 통치자들이 있는 곳으로 가셨다. 그리고 그 곳에서 메시아 사역을 완수하셨다. 예수님께서는 예루살렘 영문 밖 골고다에서 십자가에 달려 죽으셨다(마 27:33~50, 막 15:22~37, 눅 23:33~46). 그러나 예수님의 사역은 죽음으로 끝난 것이 아니었다. 예수님께서는 부활하셨다(마 28:1~6, 막 16:1~6, 24:1~7). 그리고 제자들에게 나타나셔서 당신의 사역, 죽음과 부활의 의미를 가르치시고 그들을 증인으로 세우셨다(마 28:27, 눅 24:13~32, 행 1:3~8). 예수님의 십자가는 결국 당시 유대인들이 그들의 닫힌 세계관 속에서 만들어 낸 종교적 길들을 넘어서는 것이었다. 예수님의 십자가는 로마와 헤롯에 결탁하면서 권력으로서 성전을 움켜쥐려 했던 사두개파나 제사장 그룹들, 그런 사두개파나 제사장 그룹들과 대립하면서 구약 성경의 말씀 해석과 그 원리에만 집중한 바리새파 사람들, 혼탁하기만 한 세상을 피해 숨어들어가려 했던 에세네파 사람들과 다소 극단적인 입장을 취하며 당대 세상을 힘으로 넘어서려 했던 열심당(The Zealot) 사람들의 길을 거부하셨다. 예수님께서는 하나님께서 세상을 구원하기 위해 메시아에게 지우신 희생과 헌신, 화해의 길만을 가셨다. 오직 하나님께서 예정하신 세상 구원의 방법, 십자가의 길을 걸어가신 것이다. 예수님께서는 이 십자가의 길을 통해 유대인과 이방인 모두를 아우르는 구원의 길을 여셨다(갈 2:20). 그 뿐이 아니다. 예수님은 하나님의 아들로 영광 가운데 다시 오셔서 세상을 심판하고 모든 믿는 자들을 하나님 나라로 인도하실 것이다(살전 3:13, 4:17).

구약 예언자들의 메시아에 대한 기대와 하나님 나라의 약속은 예수 그리스도를 통하여 실현되었다. 하나님 나라는 예수 그리스도의 초림으로 세상에 밝히 드러났다. 그리고 예수님의 재림을 통하여 최종적으로, 확정적으로 완성될 것이다. 이제 하나님의 백성들은 예수 그리스도의 메시아 사역을 믿는 믿음 가운데 진정한 하나님 나라를 소망할 수 있게 되었다. 하나님의 백성들은 하나님의 나라가 오는 날까지, 예수 그리스도 안에서 믿음과 소망 그리고 사랑 가운데 하나님 백성들의 부름받은 공동체와 더불어 하루하루의 신실한 삶을 살아가게 되었다. 교회의 시작이다. 예수님의 십자가 공동체 교회야 말로 메시아 되신 예수 그리스도를 통하여 주어진 그리스도인 삶의 요체이다.

헬라제국들과 로마시대의 시작

　예수님의 시대가 시작되기 전 고대 세계는 동양과 서양이 서로 부닥치는 격동의 시절을 넘어서 새로운 로마의 시대가 열리고 있었다. 바빌론은 위대한 왕 느브갓네살에 대한 애도가 가시기도 전인 주전 550년 메디아(Media)와 페르시아(Persia) 제국에게 멸망하고 말았다. 페르시아의 용맹한 군사들이 거의 무혈입성을 했다는 기록으로 보아 거대한 제국의 종말은 매우 허망했다. 바빌론의 자리를 거머쥔 페르시아 아케메니드 왕조(the Achaemenids)는 멀리 소아시아 크로이소스 왕의 리디아를 무너뜨리고 동맹관계인 메디아마저 복속하고 세계의 패권을 쥐었다. 그래서 동쪽으로는 인더스 강 유역으로부터 서쪽으로는 이집트와 북아프리카 일부 그리고 소아시아 전역을 차지하는 광대한 나라가 되었다. 페르시아 최대의 영토를 자랑하던 다리우스 1세(Darius I, 재위 주전 522년~주전 486년)와 그의 아들 크세르크세스 1세(Xerxes I, 재위 주전 485년~주전 465년)는 이후 정복 야심을 유럽으로 돌렸다. 그들은 그리스에 침략하여 유럽을 손에 넣을 기회를 엿보기도 했다. 약 40년간 지속된 그리스와 페르시아간 전쟁은 대단했다. 페르시아는 그리스 도시국가들의 동맹과 용맹한 전사들의 벽을 넘지는 못했다. 그리고 점차 제국의 힘도 쇠퇴하게 된다.

페르시아의 영광은 그리스의 자랑인 알렉산더 대왕(Alexander the Great, 재위 주전 336년~주전 323년)에 의해 꺾이고 말았다. 알렉산더는 주전 333년 이수스 전투에서 다리우스 3세(Darius III, 재위 주전 336년~주전 330년)를 이긴 후 주전 330년에는 당시 페르시아의 수도였던 바빌론(Babylon)을 무너뜨려 최종적으로 제국을 장악하게 된다. 알렉산더는 야심찼다. 그는 마케도니아인 특유의 개방적이고 진취적인 태도로 동양과 서양이 융합된 문화를 형성했다, 헬레니즘(Hellenism) 문화의 시작이었다. 그러나 이 거대한 헬라 제국은 알렉산더의 갑작스런 죽음으로 분열하게 된다. 알렉산더의 광활한 영토는 후계자들이라 불리는 프톨레미(Ptolemy, 이집트)와 셀류코스(Seluicus, 시리아와 아시아), 리시마커스(Lysimachus, 아나톨리아)와 카산더(kassander, 마케도니아) 등이 나누어 가진 네 나라로 이어지게 된다. 이 때 이스라엘이 포함된 레반트 일대는 한 때 프톨레미 왕조의 영향권 아래 있다가 다시 셀류코스 왕조의 영향권 아래 들어가게 된다. 이집트 프톨레미의 왕들은 소수 문화에 관대했다. 그들은 알렉산드리아를 중심으로 다양한 문화가 공존할 수 있도록, 그리고 그 문화유산들이 자신들이 만든 거대한 도서관에 저장될 수 있도록 배려했다. 우리가 아는 70인역 그리스어 성경(the Septuagint)의 번역과 배포는 프톨레미 왕조의 적극적인 지원으로 가능한 것이었다.

예수님 시대 로마와 유대의 역사

연대	헬라와 로마제국	유대/팔레스타인	예수님의 사역
주전 400		페르시아 제국의 지배	선지자 말라기의 사역
300	페르시아 멸망과 알렉산더대제 셀류쿠스왕국 프톨레미왕국 리시마쿠왕국 카산더왕국 페르기몬 마케도니아	프톨레미 왕국의 지배	
200	로마의 포에니 전쟁 시작	셀류쿠스왕국의 지배 안티오쿠스 4세의 율법과 마카비운동 하스모니아 왕조의 시작	
100	로마의 미케도니아 정복 로마의 페르가몬 복속 로마의 포에니 전쟁 승리		
주후 1	로마의 셀류쿠스 정복 로마의 프톨레미 복속 아우구스투스의 집권과 제정 시작 티베리우스 황제 클라우디우스 황제	로마 폼페이우스의 예루살렘 정복 하스모니아 왕조의 몰락과 헤롯의 집권 헤롯의 죽음과 분봉왕 시대 헤롯 아켈라오의 실각과 로마직접통치지배	예수님 탄생 세례요한의 사역 예수님의 사역과 십자가 처형 예루살렘교회 시작 사도들의 선교

그러나 셀류코스의 왕들은 많이 달랐다. 그들은 헬라 문화의 수호자임을 자처하면서도 영역 내 소수민족들의 종교와 신앙에 대해 일단 배타적이었다. 그들은 특히 유대교를 배척했으며, 유대인 지도자들을 회유하고 핍박하는 일들을 거듭했다. 덕분에 유대인들은 셀류코스의 시리아에 대해 적대적인 입장을 취했다. 결국 셀류코스의 안티오쿠스 에피파네스 4세(Antiochus Epiphanes IV, 재위 주전 175년~주전 164년)가 예루살렘 성전을 돼지우리로 만드는 일이 발생하자 유대인들은 마카비 집안을 중심으로 저항했다. 그리고 주전 165년 셀류코스를 몰아내고 드디어 하스모니아 독립 왕조(Hasmonean Dynasty)를 이루게 된다.

카르타고 전쟁
포에니 전쟁이라고도 부른다. 로마는 카르타고와 약 100여년에 걸쳐 세 번 싸웠고 모두 이겼다. 그리고 지중해의 패권을 차지했다.

한편 서쪽 지중해 이탈리아 반도의 로마(Rome)는 알렉산더가 대 제국으로 화려하게 세계를 정복하던 시절까지는 이탈리아 반도의 한 나라에 불과했다. 그러나 로마는 주전 264년부터 146년까지 약 백 년에 걸쳐 벌어진 카르타고(Carthage)와의 전쟁을 통해 지중해의 패권 국가로 발돋움하게 된다. 일단 지중해를 손아귀에 넣게 된 로마는 동편으로 눈을 돌렸다. 그들은 우선 카르타고와 동맹관계를 갖고 있던 그리스 북부 마케도니아(주전 168년)와 남부 아카이아 일대 도시국가들을 정복했다(주전 146년). 로마의 동쪽 영토 확장은 대단한 속도로 이루어졌다. 그리스 일대를 로마화 한 뒤 그들은 소아시아로 진출했다. 그리고 친로마적인 페르가뭄 왕국(Pergamon)을 복속하고(주전 133년) 소아시아 동쪽을 아시아 속주로 만들었다. 흑해 연안의 폰투스(Pontus)나 소아시아 중동부 지역 국가들은 훨씬 후대에 로마로 편입되었다. 유명한 폼페이우스(Pompey) 장군은 폰투스를 무너뜨리고 이미 유명무실화된 셀류코스의 영토들 즉, 레반트 일대를 평정한 뒤 예루살렘을 로마의 수중에 넣었다(주전 64년). 폼페이우스는 여세를 몰아 동쪽의 파르티아와의 경계를 확정한 뒤 최종적으로 이집트 프톨레미 왕조에 대해서는 일종의 주종관계만을 형성한 뒤 로마로 돌아갔다.

로마를 중심으로 재편되는 세계 질서 속에서 이스라엘의 하스모니아 왕조는 자기들끼리의 내분에 빠져들었다. 셀류코스와 프톨레미 등 헬라 제국들의 힘이 소강상태인 상황에서 하스모니아 왕조는 불완전하지만 셀류코스의 인정하게 정교일치의 독립국가 형태를 갖게 된다. 그러나 마카비로부터 이어받은 초기의 유대교 회복의 열정은 곧 사그라들었다. 대제사장을 겸직하는 하스모니아의 왕들은 헬레니즘 문화에 빠져들었다, 그리고 자기들끼리의 극렬한 내전에 돌입했다. 셀류코스의 다마스커스(다메섹)을 점령하고 옆 나라 파르티아와 국경 지대를 정리하고 있던 폼페이우스는 하스모니아 가문의 내전 소식을 듣고 당장 유다로 향했다. 그리고 예루살렘을 점령해 버렸다(주전 64년). 이제 예루살렘은 로마의 통치하에 들어가게 된 것이다.

사실 이 시기 로마는 복잡했다. 카이사르(Julius Caesar) 시대의 내전과 그를 이은 옥타비아누스(Octavianus, 후일 아우구스투스) 시대 내전 때문이었다. 내전은 주전 24년 완전히 종식되었다. 그리고 옥타비아누스 즉, 아우구스투스(Augustus)의 '로마의 평화(Pax Romana)' 시대가 시작되었다. 안정기에 접어든 로마는 곧 하스모니아 가문을 대신하여 자신들에게 충성을 맹세한 이두메 사람 헤롯 가문에 유대의 정치적 관할권을 넘겨주었다. 로마의 원로원과 아우구스투스에게 왕의 칭호를 받은 헤롯(Herod the Great, 재위 주전 37년~주전 4년)은 반 속국 상태의 유다 전역 통치자가 되었다. 헤롯은 한 편으로 로마에 충성하면서 다른 한편으로 유대교로 개종하여 하스모니아 왕조의 공주와 결혼을 하면서 유대인들에 대한 영향력을 유지하는 방법으로 그 땅을 지배했다. 헤롯이 죽은 후 유다와 주변 일대는 그의 아들들이 헤롯 식의 '왕'이 아닌 분봉왕(Tetrarch) 형식으로 통치하게 되었다. 로마가 그들의 왕위를 허락하지 않은 것이다. 헤롯 아켈라오(Herod Archelaus, 재위 주전 4년~주후 6년)는 예루살렘을 포함하는 유

다 전 지역의 영토를, 헤롯 안디바(Herod Antipas, 재위 주전 4년
~주후 39년)에게는 갈릴리와 베레아, 그리고 마지막 헤롯 빌립
(Herod Philip II, 주전 4년~주후 34년)에게는 골란과 베다니, 그
리고 드라고닛 지역을 주었다. 그러나 얼마 지나지 않아 로마의
아우구스투스(Augustus, Octavianus Gaius Julius Caesar, 재위 주
전 27년~주후 14년)는 실정을 거듭하는 아겔라오를 폐위하고 유
다 지역을 일종의 시리아 속의 위성 속주로 삼게 된다. 그리고 보
통의 속주 총독 보다 한 단계 낮은 기사 작위를 가진 사람을 총독
으로 파견하였다. 당대의 속주들은 보통 로마 원로원 속주이거나
황제의 속주였던 반면에 거듭 문제를 일으키던 유대는 이도저도
아닌 모호한 형태의 로마 직접 지배령으로 재편한 것이다.

*성경에 등장하는 헤롯 꽤 여러 명이다. 먼저 예수님께서 탄생하시던 시점의 헤롯은 헤롯대왕이라 불
리는 사람이다. 헤롯 왕가를 사실상 연 사람이다. 이 헤롯 대왕에게는 아들이 셋 있었다. 그들 역시 각
각 다른 헤롯으로 성경에 등장한다. 일단 헤롯 아겔라오는 예루살렘을 포함하는 유다지역의 분봉왕이
었으나 주후 5년 티베리우스 황제에 의해 쫓겨난다(눅 3:1, 마 2:22). 그리고 그 지역은 빌라도로
유명한 유다총독이 다스리게 된다. 다음, 헤롯 안티파터는 예수님이 성장하신 갈릴리의 분봉왕이었
다(마 14:1, 막 6:14, 눅 3:19). 그는 이복형제인 빌립의 아내 헤로디아와 결혼해 세례요한의 비난을
샀다(마 14:1~2) 예수님은 그를 여우라고 불렀으며(눅 13:32), 마지막 재판 때 예수님을 희롱했다
(눅 23:7~11). 그가 갈릴리의 디베라를 건설했으며, 그로인해 갈릴리를 디베랴 바다라고 부르기도
했다. 마지막 헤롯 빌립은 예수님이 가이사랴 빌립보를 방문했을 때 그 곳을 다스리던 분봉왕이다. 그
는 성경에 등장하지 않지만 비교적 평안하게 자기 영지를 다스렸다. 이상은 복음서에 등장하는 헤롯
들이다. 그 다음 사도행전에 등장하는 헤롯은 헤롯대왕의 손자들이다. 우선 사도행전 12장에 등장하
는 헤롯은 유다의 통치권을 총독들로부터 잠시 위임받은 헤롯 아그립바 1세이다. 그는 로마에서 교
육받고 유명한 로마의 아그립바 장군의 이름을 받았다. 그는 사도 야고보를 처형한 사람이었으며
벌레 먹어 죽었다(행 12:1~23). 마지막으로 등장하는 사람은 헤롯 아그립바 2세이다. 아그립바 1세
의 아들이며 훗날 갈릴리 윗 지역의 분봉왕이 되었다. 그리고 예루살렘 성전의 수호자로 위임되었다.
그는 가이사랴에서 재판을 받던 바울을 만났으며 바울의 무죄를 알았으나 그가 로마로 가기를 원하
는 것을 보고 이상하다고 여겼다(행 25:13~32). 주후 70년 예루살렘이 멸망한 후 그는 예루살렘의
행정관이 되었다.

새로운 희망 예수 그리스도의 사역

　예수님의 사역은 로마가 황제정으로 다시 일어서던 시기, 온 땅이 로마의 독수리 깃발 아래 복종하던 시대에 시작되었다. 그 시절, 예수님께서 사역하시던 유대와 갈릴리 그리고 주변 이방의 땅들은 매우 복잡하고 소란스러웠다. 그 땅의 사람들은 무엇이 옳은 길인지 분별하기 어려웠고 방황했다. 그들은 흑암 가운데 사는 백성들이었다. 그들에게는 오늘의 빼앗김과 오늘의 혼란스러움, 오늘의 절망만이 있을 뿐 내일의 희망어린 삶이란 없었다. 그렇게 온 세상이 어둠 속에서 혼란스럽고 소란스러울 때 예수님은 베들레헴과 갈릴리에서 당신의 사역을 시작하셨다. 예수님의 오심은 분명 그 땅의 사람들에게 희망이었다. 예수님은 가는 곳곳에서 해방과 구원을 선언하셨고, 실제로 모든 묶여 있던 이들을 자유하게 하시는 은혜를 끼치셨다.

1 유대 베들레헴과 갈릴리 나사렛

　구약 성경은 예수님의 탄생과 관련하여 두 가지 상반된 예언자적 견해를 드러낸다. 하나는 예수님께서 다윗의 자손으로서 베들레헴에서 탄생하시리라는 일종의 왕권 전수 성격의 예언이다. 다른 하나는 예수님께서 갈릴리와 나사렛에서 사역하셔서 갈릴리와 나사렛의 메시아 예수로 세상에 알려지리라는 소위 정통 선지자적 전통에 근거한 예언이다. 실제로 마가복음을 제외한 마태복음과 누가복음은 예수님께서 다윗의 성 ① 베들레헴에서 탄생하셨다고 기록하고 있다(마 2:1~6, 눅 2:4~7, 미 5:2). 예수님께서 유대인들이 고대하던 다윗 혈통 메시아로 세상에 오셨다는 것이다. 그러나 다른 한편으로 복음서들은 예수님의 실제 생활과 사역의 근거지가 왕의 도시로서 손색이 없는 베들레헴이나 예루살렘이 아닌 저주받은 이방인의 땅 ② 갈릴리 ③ 나사렛임을 강조한다. 특히 요한은 빌립이 나다나엘을 찾아가 예수님에 대해 이야기하는 대목에서 나다나엘이 보인 극적인 태도를 주목하고 있다. 그는 "나사렛에서 무슨 선한 것이 날 수 있느냐"고 말하며 당대 사람들의 갈릴리에 대한 부정적인 인식을 그대로 드러냈다(요 1:46). 실제로 갈릴리는 저주받은 사람들의 땅이었다. 그 땅은 여호수아 시절에도 점령하지 못한 도시들이 남아있던 곳이며, 근처 므깃도에서는 전쟁이 끊이지 않았다. 포로기 이후 남쪽 유다 땅 사람들은 갈릴리의 풍요로운 물산에 의하여 살면서도 그 땅 사람들을 무시했다. 그래서 예루살렘을 중심으로 하는 사두개인들과 대척점에 있던 바리새인이나 그보다 훨씬 더 극단적인 태도를 취하던 열심당원(the Zealot)은 이 곳 갈릴리를 그들의 활동 무대로 삼기도 했다. 그러나 예수님께서는 그렇게 저주받고 무시당하던 땅 갈릴리에서 하나님 나라와 치유의 사역을 성실하게 수행하시면서 "전에 고통 받던 자들에게는 흑암이 없으리로다 옛적에는 여호와께서 스불론 땅과 납달리 땅이 멸시를 당하게 하셨더니 후에는 해변 길과 요단 저쪽 이방의 갈릴리를 영화롭게 하셨느니라 흑암에 행하던 백성이 큰 빛을 보고 사망의 그늘진 땅에 거주하던 자에게 빛이 비치도다"라는 이사야서 9장 1~2절 말씀을 실현하셨다. 메시아 되신 예수님께서는 하나님의 백성이면서 당대의 세상으로부터 멸시당하고 외면당하던 사람들 틈바구니에서 하나님 나라 운동 즉, 예수 운동을 전개하신 것이다.

2. 세례요한의 광야와 요단강 사역

예수님 시절 예루살렘에는 특이한 종교적 특성을 가진 무리들이 있었다. 일반적으로 에세네파(the Essenes)라고 불린 이 사람들은 주로 사독 계열 제사장 그룹들로부터 분파한 사람들이 주류를 이루었다고 한다. 당대의 종교적 주류를 형성하던 사두개파와 바리새파 사람들에 비해서는 규모가 작았으나 곳곳에서 금욕적인 공동체 생활을 추구했으며 매일 정결의식을 행하며 성경을 읽고 필사본을 만드는 등의 실천을 했다. 무엇보다 신비하면서도 종말론적이며 메시아를 대망하는 금욕적인 생활을 영위한 것으로 유명하다. 이들 가운데 일부는 사해 주변 ④ 유대 광야에서 공동생

에세네파와 쿰란
Essene and Qumran
예수님 당시 종교 분파들이었다. 에세네파는 정치와 결탁하거나 불경건한 타집단들과 자신들을 구분했으며 주로 예루살렘 윗도시(the upper city)에서 활동했다. 그들 가운데 일부는 우대광야에서 폐쇄적인 은둔생활을 했다.

활을 했던 것으로 보이는데 고고학적 발굴에 의해 그들이 유다전쟁 중에 사해사본을 숨겨두었던 쿰란(Qumran) 공동체라는 것이 밝혀졌다. 이들이 이곳 유대 광야를 그들의 공동체 은거지로 삼은 것은 그 곳이 동쪽을 면하여 있으며 빛으로 오시는 메시아를 대망하기에 좋은 장소이기 때문이었다. 이들은 정결하게 되는 의식으로 물속에 몸을 담그는 것을 중요하게 여겼고 독특한 성경 읽기 방식을 만들어 제자들에게 전수한 것으로 알려져 있다. 결국 이들의 정결하게 되는 의식과 성경 읽기는 세계 여러 곳 유대교 회당에 전수되어 많은 제자들을 만들기도 했다. 여러모로 볼 때 이 에세네파 혹은 쿰란 사람들은 세례 요한에게 영향을 준 것으로 보인다. 세례 요한은 회개가 곁들여진 정결 예식을 강조하여 그에게 찾아오는 사람들에게 세례를 베풀었고 회개를 강조했다. 무엇보다 중요한 것은 요한이 광야 즉, ⑤ 요단강 근처 광야에서 임박한 메시아 도래와 회개를 강조했다는 것이다. 유대 광야는 일반적으로 선지자들 특히 이사야와 같은 메시아 도래를 예언했던 선지자들의 중요한 선포 영역이었다. 광야는 그런 차원에서 동편 해 뜨는 곳으로부터 도래하는 하나님의 구원을 전하는 자, 메시아의 길을 예비하는 중요한 장소로 여겨졌다. 그래서 아마도 세례 요한은 이사야서 40장 3절의 "광야에서 여호와의 길을 예배하라 사막에서 우리 하나님의 대로를 평탄하게 하라"는 그 말씀을 따라 유대 광야에서 메시아 예수를 기다리며 사역한 것으로 보아야 할 것이다.

3. 사마리아와 이방인의 땅들

주전 722년 앗시리아가 북 이스라엘을 점령한 후 원래 므낫세 절반과 에브라임 지파 그리고 납달리와 아셀 지파 등이 거주하던 사마리아와 갈릴리 일대는 이방인들의 땅이 되었다. 그리고 원래 그 땅에 살던 이스라엘 사람들은 역시 고산 강가의 할라와 하볼, 그리고 메데 사람들의 여러 도시들에 흩어 버렸다(왕하 17:6). 이후 앗수르의 사르곤은 바벨론과 구다와 아와와 하맛과 스발와임에서 사람들을 옮겨다가 사마리아를 비롯한 북이스라엘의 땅에서 살게 했다(왕하 17:24). 그들은 그 땅에 이방의 풍습을 가져왔고 그 땅은 그래서 더 이상 이스라엘 백성들의 땅이 아니게 되었다. 성경에 의하면 하나님께서 그 이방 사람들에 노하셔서 그들을 죽이시고 원주민 이스라엘 사람들의 불평이 잇따르자 앗수르 왕이 베델에서 제사장 한 사람을 데려다 그 이주민들에게 하나님의 법도를 가르쳤다고 기록되어 있다(왕하 17:26, 28). 그러나 사마리아와 북이스라엘 땅에 우상숭배와 이방 문화가 근절된 것은 아니었다. 그들은 여전히 그들의 관습대로 그들의 신을 섬겼고 그 땅 곳곳에 산당을 만들어 그들의 우상을 두고 그 곳에서 우상

예수님 시대의 유대

1. 본문의 지명 중 번호가 매겨진 부분을 찾아 지도와 확인한 후 아래의 빈 칸을 채워봅시다.

❶ _____
❷ _____ ❷
❸ _____
❹ _____
❺ _____
❻ _____
❼ _____
❽ _____
❾ _____
❿ _____

예수님 시대의 예루살렘

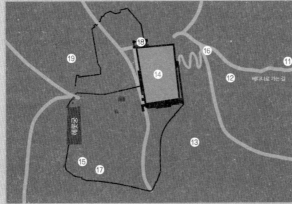

⑪ _____
⑫ _____
⑬ _____
⑭ _____
⑮ _____
⑯ _____
⑰ _____
⑱ _____
⑲ _____

을 숭배했다. 요시아 시절 잠시 북 이스라엘의 고토를 회복하면서 우상과 산당들이 사라지는 듯 했으나, 요시아가 므깃도 전투에서 느고에게 죽임을 당하면서 사마리아는 다시 이방인들의 문화와 종교가 판을 치는 곳이 되었다. 결국 바빌론과 페르시아 포로로부터 돌아오는 에스라와 느헤미야 시절 사마리아는 더욱 유대인들과 멀어지게 되었다. 문제는 일단의 사마리아 유대인들이 그곳 이방인들과 결혼하여 낳은 사람들이었다. 그들은 자신들이 여전히 유대인의 혈통이라고 주장했다. 그러자 학개와 스가랴 시대 예언자들을 넘어서면서 예루살렘을 중심으로 하는 소위 정통파 유대인들은 이들 사마리아인들과 극단으로 대립했다. 이후 유대인들은 이 혼혈 자손들을 사마리아인이라고 부르며 그들 자신과 구별했고 그들의 사는 지역을 갈릴리보다 못한 곳으로 여겼다. 한편 사마리아인들은 사마리아인들대로 그들만의 성전을 그리심 산에 두었고 역시 그들만의 모세오경을 만들어 그것을 읽고 그것을 중심으로 신앙생활을 이어갔다. 사마리아인들은 예루살렘이 아닌 ⑥ 그리심 산에서 하나님께서 그들 백성들 사마리아인들에게 말씀을 주셨다고 주장했다. 그러나 하스모네아 왕조 시절 사마리아는 파괴되었다. 특히 그리심 산에 있던 성전은 완전히 무너져 버렸다. 그리고 예수님 시절 경멸당하는 사마리아인들의 땅과 삶은 계속해서 이어졌다. 유대인들은 그 땅 밟기를 극도로

꺼렸고 그곳 사람들을 저주했다. 그 와중에 헤롯은 ⑦ 사마리아를 중건하여 세바스티아(Sebastia)라는 이름으로 개칭하고 자신의 별궁을 짓기도 했다. 예수님 당시 유대 땅에는 이렇듯 온갖 차별과 구별로 가득했다. 일단 갈릴리는 유대와 구별되어 거의 이방인들의 땅 취급을 받았고 사마리아는 갈릴리보다 못한 곳으로 여겨졌다. 이 외에도 예루살렘 중심의 정통파 유대인들은 요단강 건너 헬라화된 ⑧ 데가볼리(Decapolis) 지역과 그 위 가울란티스(Gaulantis)라 불리는 ⑨ 가이사랴 빌립보가 자리 잡은 골란고원 지역 그리고 갈릴리 서남쪽 사마리아 윗부분의 티베리아스라는 로마 도시가 자리 잡은 지역도 가능한 범접하지 말아야할 곳으로 구별했다. 아마도 정통파 유대인들은 가이사랴와 욥바가 있는 지중해안 지역 역시 많은 이방인들이 출입하는 곳으로 여겨 출입을 금했을 것이다. 결국 예수님께서 사마리아인을 선한 사람의 예로 삼고, ⑩ 거라사로 가서 그곳 사람을 귀신들로부터 구해내고 수로보니게(Syro-Phoenician) 여인의 청을 들어주는 등의 행동을 한 것은 정통파 유대인들에게 큰 위협이었을 것이다.

4. 예수님의 마지막 예루살렘 7일

예수님께서 여리고를 지나(눅 19:1) ⑪ 베다니와 벳바게를 거쳐(28~29), 예루살렘으로 올라가신 후 예루살렘에서 마지막 7일을 보내신 행적을 추적하는 것은 매우 의미 있는 일이다. 먼저 예수님께서는 벳바게에서 나귀를 하나 얻으시고 그것을 타고 ⑫ 감람산을 넘어 ⑬ 기드론 골짜기를 지난 후 예루살렘으로 들어가셨다. 스가랴 9장 9절의 "시온의 딸아 크게 기뻐할지어다 예루살렘의 딸아 즐거이 부를지어다 보라 네 왕이 네게 임하시나니 그는 공의로우시며 구원을 베푸시며 겸손하여서 나귀를 타시나니 나귀의 작은 것 곧 나귀 새끼니라"는 구절을 실현하신 것이다. 그렇게 감람산과 기드론 골짜기를 지나 예루살렘으로 입성하신 예수님께서는 곧 성전으로 가셔서 그곳에서 장사하는 사람들을 내 쫓으신 뒤 "내 집은 만민이 기도하는 집인데 이곳을 강도의 굴혈로 만들었다"고 호통 치셨다(막 11:17). 예수님께서는 이어서 ⑭ 성전에서 두 렙돈을 바치는 과부의 헌금을 가장 가치 있는 헌금이라고 말씀하시고 자기 자랑을 앞세워 성전에 헌금하는 이들을 비판하셨다(막 12:41~44, 눅 21:1~4). 수요일에는 베다니로 내려가셔서 자신의 발에 향유를 붓고 그 머리로 발을 닦은 여인이 당신의 십자가 죽음을 기념하는 것이라고 칭찬하셨다(막 14:1~2, 마 26:2). 목요일에는 다시 예루살렘으로 올라가셔서 ⑮ 다락방을 빌리시고 그 곳에서 제자들과 마지막 유월절 식사를 하셨다(눅 22, 요 13~18). 예수님은 이 때 제자들에게 섬기는 삶과 성찬의 중요성을 강조하셨다. 그날 밤 예수님께서는 몇몇 제자들을 데리고 ⑯ 겟세마네로 가셨다. 그리고 그 곳에서 기도하셨다(마 26:36, 마 14:32). 얼마의 시간이 지난 그날 밤 예수님은 체포되셨다. 대부분이 성전으로부터 나온 사람들은 예수님을 데리고 ⑰ 대제사장 가야바의 집 종교 법정으로 끌고 갔다(마 26:47~57). 사람들은 그곳에서 1차 심문을 하고 결정적인 증거를 획득한 후 예수님을 ⑱ 빌라도의 요새로 데려갔다(마 27:2). 빌라도는 예수에게서 특별한 문제를 발견하지 못했다. 그래서 예수님을 관할 구역인 갈릴리의 분봉왕 헤롯 안디바에게 보냈다(눅 23:11~12). 그러나 헤롯은 예수님을 조롱만 하고 다시 빌라도에게 보냈다. 결국 빌라도는 군중들의 힘에 이끌려 예수님 대신 바라바를 석방하고 예수님은 로마 군사들에게 내어 주었다(마 27:26). 로마 군사들은 빌라도의 요새 내 군인들의 시설로 끌고 가서 그 곳에서 예수님을 채찍질 하고 요새로부터 약 800미터 떨어진 서쪽 성문 밖 ⑲ 골고다로 데려가 그 곳에서 못 박았다(마 27:34~36, 눅 23:27~33).

가야바
예수님 당시 종교적 최고 권위자인 대제사장이었다. 전 대제사장 안나스의 사위로 알려져 있다. 산헤드린의 수장이기도 했다. 예루살렘의 실질적인 통치자로 보아도 무방하리만치 권력이 대단했다. 그는 헤롯과 로마 그리고 유대교 종들 사이에서 교묘한 정치적 술수로 자기 권력을 유지했다.

 Maxims ## 예수 그리스도와 새로운 하나님의 백성

예수님은 새로운 하나님의 백성 공동체를 여셨다. 예수님은 당

신의 십자가 사역을 통해 세상 모든 피조물들과 인간을 당신의 새로운 공동체로 부르셨다, 하나님 구원으로 초대하신 것이다. 우선 예수님의 십자가 사역은 구약에 대한 자기중심 해석에만 매여 있는 이스라엘을 넘어서는 부르심 즉, 보다 확장된 새 공동체로의 부르심이다. 따라서 그가 이스라엘인이든 이방인이든, 누구든지 예수님을 구주로 고백하기만 하면 하나님의 자녀가 되고, 하나님의 백성의 일원이 되는 축복을 누릴 수 있다. 무엇보다 예수님의 메시아 되심은 세상 나라들의 체제와 사상을 넘어서는 하늘나라의 도래를 실현하는 사건이다. 하나님께서는 예수 그리스도를 통하여 하나님께서 통치하시는 나라의 가능성을 여시고 그 최종적인 종말의 완성을 친히 성취하신다. 이 세상의 나라들이 제아무리 강하고 제아무리 포용적이어서 인간의 모든 군상들을 품을 수 있다 해도 하나님의 통치로 이루는 포괄적인 인간 구원의 비전을 따를 수 없다. 그 하나님의 크신 자비와 구원은 예수 그리스도의 십자가 사랑을 통해 길이 열리고 또 실현된다. 마지막, 원래의 생각으로 돌아가 예수 그리스도의 메시아 사역은 구약이 말하는 하나님의 명령과 약속의 실현이다. 예수님의 이 땅에 오심과 십자가 사역은 창세의 때와 출애굽의 때를 걸쳐 하나님께서 선언하시고 약속하신 말씀 즉, 토라의 궁극적인 실현이다. 결국 예수님의 부르심으로 시작된 새로운 이스라엘, 제자들과 교회는 예수님의 사역의 의미를 잘 알아 그 복된 소식을 전하는 공동체로 세상 가운데 자리매김하게 된다. 예수님 제자들은 이 세상 가운데 있으나 이 세상에 속하지 않은 채 세상을 하나님의 나라로 인도하기 위해 사명으로 부름 받은 이들이다.

TBM성경지리공부시리즈

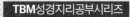

BIBLE TRAVEL

06

초대교회 탄생과 선교

예수님의 십자가로 모인 하나님의 백성들이
십자가와 부활의 증인공동체 즉, 교회로서
땅 끝으로 퍼져나간 이야기를 배웁니다.

부활하신 예수님은 하늘로 돌아가실 때가 되었을 때 제자들을 다시 불러 모으셨다. 이번에는 평소에 다니시던 무리보다 더 많은 사람들과 함께 하셨다. 이전 열 두 제자는 열배가 더 많아진 120명이 되었다. 부활하신 예수님의 부르심은 새로운 이스라엘의 확장판이었다. 확장적으로 결성된 120명의 제자들 곧 하나님의 백성들은 지리적으로나 민족적으로나 유대적 경계를 훨씬 넘어서려 하고 있다. 하나님의 세계 교회가 시작된 것이다. 초대교회는 확실히 유대교가 신봉하던 구약성경을 근간으로 삼고 있었다. 그러나 그들과 같이 편협한 행태에 머무르지는 않았다. 스승이셨던 예수님께서 구약성경의 새로운 지평을 여신 후 성경의 말씀은 하나님의 부르심을 받은 세상 모든 사람들을 향하고 있음이 확실해졌다. 교회는 이제 그 부르심을 간절히 기다리는 세상 사람들을 향해 나아가야 한다. 교회는 부르심의 땅 끝까지라도 나아가서 예수 그리스도의 복음, 하나님 나라를 증거 하기로 결단했다. 새로운 이스라엘 새로운 하나님의 부름 받은 백성으로서 교회가 시작된 것이다.

Theme 하나님 백성들이 새로운 부름을 받다

부활하신 후 예수님께서는 여러 곳에서 제자들과 만나셨다. 무덤으로 찾아온 여인들에게 나타나셨고(막 16:9), 예루살렘의 제자들에게 나타나셨으며(눅 4:39, 요 20:20), 엠마오로 내려가던 제자에게 나타나셨다(눅 24:13~35). 또한 예수님은 홀연히 갈릴리에 있는 제자들에게도 나타셨다(요 21).

예수님께서 당신의 부활을 알리는데 더 효과적이었을 예루살렘 지도자들이나 로마 지휘관들에게 모습을 드러내지 않으신 것은 흥미롭다. 예수님께서 당신의 부활하신 모습을 드러내셨을지라도 그들은 그것을 숨기느라 바빴을 것이다. 예수님은 오히려 제자들에게 부활을 드러내시는 일이 더 효과적이라 여기시고 그들에게 나타나셨다. 예수님은 이 부분에 치밀하셨다. 실제로 예수님께서는 당신의 부활을 제자들에게 적극적으로 증거 하셨다(막 16:6, 마 28:6, 눅 24:5~6). 그리고 그들로 하여금 부활의 증인이 되게 하시고 그들이 전파해야할 메시지의 핵심을 정리해 주셨다(눅 24:27,45~47, 행 1:3). 무엇보다 예수님께서는 제자들을 '땅끝'까지 예수 복음의 증인이 되도록 사도로 세우셨다(마 28:18~20, 막 16:15,16, 눅 24:48, 행 1:8).

증인으로 세움을 받은 제자들은 그들이 가르침 받은 하나님 나라와 예수님의 사역을 세상에 알리는 일에 전적으로 힘썼다. 물론 예수님은 그들만 홀로 두지 않으셨다. 오순절에는 하나님의 성령이 그들을 돕기 위해 다락방에 임하셨다. 제자들은 이제 영적으로도 충만한 상태가 되었다. 성령께서는 예수 복음의 영으로 그들을 충만하게 채우셨을 뿐 아니라, 그들을 하나의 하늘언어로 일치 시키셨다. 그리고 나서 세계 각지로부터 온 디아스포라 유대인들의 귀에 들릴만한 방언의 역사를 일으키셨다(행 2:1~13). 제자들은 이제 복음의 증인이 될 준비, 땅 끝으로 떠날 준비를 모두 마쳤다.

제자들이 먼저 마주친 '땅끝'은 예루살렘 한복판이었다. 베드로는 예루살렘 한 복판에서 세계 각지에서 온 사람들에게 '나사렛 예수'를 통해 놀라운 일들이 있었다는 것과 자신들이 그 일의 증인임을 외쳤다(행 2:14~41). 최초의 선교적 설교였다. 이어서 베드로와 요한은 성전의 미문(the beautiful gate)으로 갔다. 그들은 그 곳에서 구걸하고 있는 병자를 만났다. 제자들은 그 병자에게 이렇게 말했다. "은과 금은 내게 없거니와 내게 있는 이것을 네게 주노니 나사렛 예수 그리스도의 이름으로 일어나 걸으라"(행 3:6). 나음을 얻은 병자는 하나님을 찬송했다. 그러자 성전에 있던 사람들이 그 일에 주목하게 되었다. 성전의 권세자들은 곧 베드로와 요한을 체포했다. 베드로와 요한은 성전 안으로 붙들려 들어가 심문을 받고 협박당했다. "예수라는 사람의 이름으로 도무지 아무 것도 하지 말라"는 경고였다. 그럼에도 제자들은 예수 그리스도와 복된 소식 전하기를 멈추지 않았다. 그들은 세상의 경고와 위협에도 굴하지 않고 교회를 더욱 견고하게 했으며 그들 안에서 역사하시는 성령의 인도하심을 따라 세상 곳곳으로 나아갔다(행 5:42).

복음이 예루살렘에 퍼져나갈 무렵 초대교회의 신실한 일원이었던 스데반이 고소를 당했다. 성전 중심의 신앙을 정면으로 반박하고 새로운 하나님의 전으로서 예수 그리스도의 십자가를 주장했기 때문이었다(행 6:13~15). 그는 '자유민의 회당' 사람들에 의해 산헤드린에 끌려갔다. 그러나 그곳에서도 성경의 여러 말씀들을 증거삼아 예수 그리스도를 전파했다. 산헤드린은 스데반을 좌시하지 않았다. 그들은 스데반을 성 밖으로 끌어내 돌로 쳐 죽였다(행 7:57~60). 이제 예루살렘 교회가 박해를 받기 시작했다. 결국 권세자들의 핍박은 예루살렘 교회 성도들을 흩어지게 했다(행 8:1). 그런데 이런 식의 박해 상황은 전혀 다른 양상을 전개하도록 했다. 사도들과 성도들이 흩어져 유대와 사마리아 및 땅 끝

산헤드린
예수님 당시 예루살렘 최고의 의결기구였다. 유대인들의 일상이 종교와 밀접했기 때문에 사실상 유대인들의 일상을 관장하는 통치기구이기도 했다. 총 70명으로 구성되어 있었으며 절반은 사두개인 절반은 바리새인이었다. 의장인 대제사장이 최종 캐스팅 보트역할을 쥐고 있었는데, 그는 대부분 사두개인 편이었다.

곳곳으로 가서 다양한 형태로 예수 그리스도의 복음을 전하기 시
작한 것이다(행 8:4).

집사 빌립의 전도는 예루살렘을 벗어난 십자가 공동체 하나님
의 새 백성들의 첫 번째 선교 이야기였다. 그는 특이하게도 사마
리아로 먼저 갔다(행 8:5~13). 유대인들이 경멸하는 땅으로 가서
그 곳에서 복음을 전한 것이다. 이어서 그는 하나님의 영이 인도

의심하는 도마, 독일 포츠담 신궁전, 카라바지오, 1603년

하는 대로 남쪽 네게
브 광야로 갔다. 그리
고 그 곳에서 에디오
피아의 내시 간다게
를 만나 그에게 예수
그리스도의 복음을
전했다(행 8:26~39).
빌립의 광폭 전도여
행은 계속되었다. 간

다게와 헤어진 빌립은 광야로부터 다시 아소도로 그리고 가이사
라에 이르는 지중해 해안 지역을 전도했다(행 8:43).

당시 예루살렘 교회의 지도자 베드로 역시 '땅 끝'까지 가야 한

다는 선교 명령에 부합하는 중요한 진일보를 이루었다. 베드로는 일단 사마리아로 가서 그곳 사람들에게 세례를 베풀고 성령을 체험하도록 했다(행 8:14~17). 이어서 그는 룻다와 욥바로 가서 그곳 사람들에게 복음을 전했다(행 9:32~43). 그런데 베드로에게는 더욱 중요한 일이 기다리고 있었다. 가이사랴의 로마인 백부장 고넬료와 그 가정에게 복음을 전하는 일이었다. 이때 베드로는 사도행전에서 가장 멋진 환상을 보게 된다. 유대인으로서 가증한 것들을 먹으라는 명령 즉, 유대인을 넘어서 이방인들에게까지도 복음을 전하라는 명령이었다(행 10:1~48). 베드로는 환상을 본 후 하나님의 명령에 즉각적으로 순종했고 당시로서는 매우 의미 있는 로마 시민권자에 대한 복음 전도를 성공적으로 수행했다.

초대 예루살렘교회 사도들의 선교 사역은 매우 열정적이었을 뿐 아니라 끝까지 책임과 사명을 다하는 방식이었다. 그들은 복음을 대충 전하지 않았다. 사도들은 회개하는 가운데 예수 그리스도에게로 나아오는 이들에게 물로 세례를 주었을 뿐 아니라 성령의 능력으로 충만함을 입기까지 그들을 이끌었다. 그래서 사도들의 사역에는 늘 선포, 회개, 회복, 그리고 물로 주는 세례와 성령세례들이 잇달아 나타났다. 이외에도 초대교회의 선교 사역은 몇 가지 흥미로운 점이 있다. 첫 번째는 우선 오순절 때 전 세계로부터 예루살렘에 와 있던 열정적인 유대인들이다. 이들은 바빌론 포로기 이후 돌아오지 않고 그레코 로망 세상에 흩어진 채 살던 유대인들(Diaspora Jews)이었다. 그런데 오순절날 베드로와 사도들의 사역으로 이들 가운데 상당수가 복음을 받아들이고 그리스도인이 된 채 고국으로 돌아갔다(2:10, 37~41). 이 디아스포라 유대인 그룹에는 우리가 흔히 아는 헬라식 이름을 가진 일곱 명의 집사들과 공관복음서의 일부 저자들, 그리고 무엇보다 바울이 포함되어 있었다. 이 가운데 바나바는 구부로(Cyprus)에서 온 유대인으로 예루살렘에 토지와 집을 가진 유력가였는데 복음을 받아들이고 그리스도인이 되었다(행 4:36~37). 실라로 알려진 실루아노 역시 로마 출신으로 당시 예루살렘에 와 있었는데 복음을 받아들이게 된다(행 15:22~23, 16:37). 디아스포라 유대인들은 유대교의 율법에도 정통하면서 국제적이어서 일단 예수 그리스도의 복음이 주어지게 되자 그들은 곧 열정적인 복음 전도자들이 되었다. 두 번째는 '하나님을 경외하는 사람들(the god-fearers)'로 알려진 이들이다. 당시 헬라-로마 사회에는 유대교에 입교하지 않으면서 직간접적으로 유대교의 가르침을 따르는 이방인들 특히 헬라인이나 로마인들이 꽤 있었다. 이들은 유대인들이 헬라-로마 사회 곳곳에 세운 회당 주변에서 유일신 하나님에 대한 신앙을 배우고 그 규례의 일단을 따르던 사람들이었다. 초대교회 사도들은 이들을 우선 선교 대상으로 삼고 집중적으로 공략했다. 고넬료는 대표적인 '하나님을 경외하는 사람'이었다. 바울은 비시디아 안디옥에서 그리고 데살로니가에서도 이 사람들에게 집중적으로 선교활동을 펼쳤던 이야기 역시 초대교회의 선교전략의 일단을 잘 보여준다(행 13:16,26; 17:4).

 ## 헬라-로마 사회와 디아스포라 유대인

로마는 초기 얼마를 제외한 대부분 공화정(republic, res publica)이었다. 한 사람이 오랫동안 독재로 통치하면서 세습하는 왕정으로부터 시민들이 주축인 민회가 선출하는 집정관(proconsul)이 나라를 다스리는 선출제 방식으로 통치 방식을 전환한 것이다. 시민에 의한 선출이라는 정치체제가 이미 그리스를 비롯한 고대국가들에서 나타났다고는 하지만 로마의 공화정은 대단한 것이었다. 공화정 초기 국가의 주요 요직들은 여전히 귀족들의 원로원이 쥐고 있었는데, 시간이 지나면서 평민들은 그 권력을 나누어 갖게 되었다. 주전 376년 집정관 가운데 한 명을 평민들의 민회에서 선출하도록 하는 개혁이 이루어졌으며, 기타 재무관이나 정무관 같은 직책 역시 평민들도 오를 수 있게 되었다. 로마 공화정이 시민들의 정치 참여 가능성을 확장하면서 더불어 강력해진 것은 로마의 군대였다. 로마는 자부심 가득한 시민 계층들로 구성된 군단을 꾸준히 늘려왔다. 백인대(centurion)를 중심으로 구성된 로마 군단은 시민들의 자부심의 상징이었다. 자신들의 의결로 이루어진 로마를 자신들의 힘으로 지킨다는 의식이 군단병들 사이에 늘 충만했던 것이다. 게다가 로마의 군단병들은 자신들이 정복한 도시나 국가에서 은퇴하고 고국으로 돌아가기 보다 결혼하고 정착하여 살아가는 길을 택했다. 군단병 시절 못지않은 열정으로 로마 시민으로서 의식과 지식, 기술 등을 정복민들에게 전수하고 그 땅을 로마화 하는 일에 평생 헌신했던 것이다. 결국 로마는 당대의 어느 나라도 갖지 못한 강력한 보병 중심 군단들을 유지하고 유럽과 지중해, 아프리카와 아시아를 향한 정복전쟁을 계속할 수 있었다.

> 백인대장 혹은 백부장 로마 군대의 단위인 군단의 핵심 전력이었다. 백인대장은 일반적으로 로마시민 출신 일반 병사들 가운데 백전노장을 선출하는 경우가 많았다. 그들은 요즘으로 말하자면 소대 혹은 중대의 대장으로서 로마군 전술의 핵심적인 역할을 수행했다.

그러나 무엇보다 로마다운 것은 국가의 확장과 더불어 행정과 도로, 통신망 등의 사회적 인프라를 체계적으로 구축했다는 것이다. '모든 길은 로마로 통한다'는 말이 있는 것처럼 로마는 도로망 구축에 열정적이었다. 군인들은 한 지역을 정복하면서 로마식의 쾌적한 도시 개발(centuriation) 방식을 적용, 그들의 주둔지(colonia)가 로마식의 도시로 발전할 수 있도록 했다. 그리고 보통은 로마로까지 이어지는 아주 안정적인 도로들을 만들었다. 예를 들면 에그나티아 가도(via Egnatia)는 이탈리아 본토의 아피아 가도(via Apia) 끝 브린디시에서 배편으로 연결되는 그리스반도 서쪽 끝의 디라키움(Dyrrachium)에서 시작되어 에뎃사(Edessa), 펠라(Pela)와 데살로니가(Thessalonika), 암피폴리스(Amphipolis), 빌립보(Philippi) 그래서 동쪽 끝 비잔티움(Byzantium)으로 가서 다시 배를 이용, 소아시아로 건너간 후 거기서 다시 세바스티아 가도(via Sebastia)로 이어지도록 했다. 덕분에 로마의 도로는 자연히 로마의 행정망과 통신망의 발달을 가져왔다. 로마의 행정 명령은 그 전파속도가 굉장히 빨랐다. 이탈리아의 로마에서 집정관이 작성한 문서가 채 한 달도 되지 않아 지금의 영국인 브리타니아(Britannia)의 론디니움, 혹은 시리아 속주의 다메섹(Damascus)으로 전달되곤 했다.

북아프리카 카르타고와의 전쟁(포에니 전쟁, 주전 260년~149년)이 끝나고 그리스와 소아시아를 비롯한 소위 헬라 지역을 정복해 나가면서 로마의 영토는 급속도로 팽창했다. 영토 확장은 북서쪽 갈리아와 스페인 그리고 지금의 영국 섬 및 북아프리카 일대로까지 이어졌다. 로마는 거의 300여년 만에 지중해를 내해로 품는 거대한 나라가 되었다. 이렇게 영토가 커지고 이탈리아를 넘어선 통치 영역들이 발생하자 이전의 '도시 로마' 중심 공화정은 한계에 부딪혔다. 그리고 대안을 모색하는 과정에서 로마는 큰 혼란을 겪었다. 과두 정치와 독재들 그리고 내전들이 일어난 것이다. 그러나 로마는 그 혼란스런 와중에도 차근차근 국가를 발전시켰다. 전 세계를 다스릴만한 군사적, 경제적 힘과 거기에 어울리는 문화를 만들어가기 시작한 것이다.

결국 로마는 거대한 제국을 통치하기에는 비효율적인 공화정에서 이민족들도 모두 포괄하는 제국 통치의 강점을 가진 황제정(Imperialism)으로 이행했다. 한 사람의 무한 책임 아래에서 로마는 상대적으로 안정적인 나라가 되었다. 팍스 로마나(Pax Romana)의 시작이었다. 한 가지 특이한 것은 문화적인 면에서 피정복국가인 그리스가 재등장한 것이다. 제정이 시작되는 시기 전후로 로마의 문화는 급속도로 그리스의 세련된 문화들과 통합되었다. 그리스 문화가 로마의 문화를 집어삼켰다고 보는 것이 맞을 것이다. 사실 로마 제국은 그 외형은 로마식이었더라도 그 내부 콘텐츠는 온통 그리스식이라 해도 과언이 아니었다. 화려하고 세련된 그리스의 철학과 문학 작품들, 예술 공연 그리고 교육 등은 자연스럽게 로마의 잘 짜인 도시 풍광 속으로 녹아들어갔고, 제

팍스 로마나
아우구스투스가 이룬 로마의 평화를 말한다. 그는 오랫동안 지속된 내전을 종식하고 로마 제국 전체에 평화를 가져왔다. 이로서 로마는 지중해를 중심으로 유럽과 아시아, 아프리카를 잇는 대제국을 건설하게 되었으며 가장 평화로운 시대를 열게 되었다.

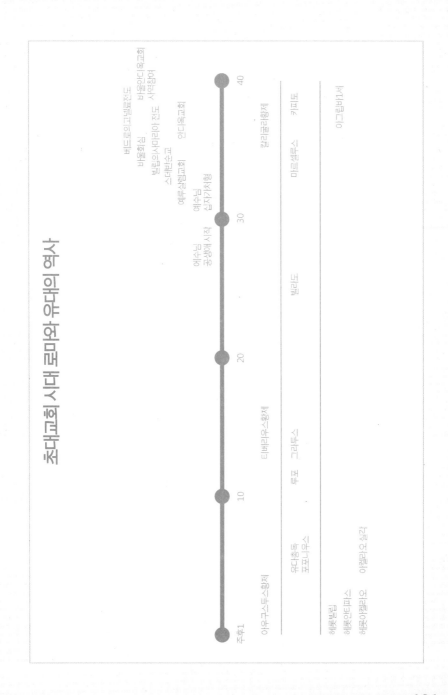

초대교회 시대 로마와 유대의 역사

베드로의고넬료전도
바울회심   바울안디옥교회
             시리아선교
바울&사마리아에전도
스데반순교
예루살렘교회   안디옥교회
예수님
공생애 시작

예수님
십자가처형

주후1   10   20   30   40

아우구스투스황제   티베리우스황제   칼리굴라황제

유대총독   루포   그라투스   빌라도   마르셀루스   카피토
포포니우스

이렐리오 실감

헤롯브릴립
헤롯안티파스
헤롯아켈라오

이그립바1세

국 내 곳곳의 로마 도시들은 그리스 언어와 그리스풍의 유행이 다소간 차이를 두고 뿌리를 내렸다. 로마 시민들 특히 원로원을 비롯한 고위직들은 앞 다투어 그리스인 가정교사들을 두었고 시인들과 문장가 철학자들을 자신의 개인 비서나 빈객으로 맞아들였다. 소위 그리스-로마 문화는 그러나 제국의 동방 스페인이나 북방 갈리아 혹은 게르만에서 보다는 따뜻한 지중해 연안 특히 제국 동방의 도시들에서 멋지게 발전했다. 특히 아테네, 로도스와 알렉산드리아, 에베소, 버가모, 다소 등은 그리스식 교육과 문화가 발달한 곳으로 명성을 떨쳤다.

바빌론 포로 귀환 후 많은 유대인들은 아직 세계 곳곳에 흩어져 살고 있었다. 그들은 주로 바빌론 일대와 이집트에 집중되어 있었다. 그들은 그곳에서 그들의 종교적 예식과 교육을 위한 회당(synagogue)을 만들었으며 성경을 재정립하는 일들에 몰두하기도 했다. 알렉산더 제국과 헬라 제국들이 들어선 이후에는 유대인들의 거주 영역이 더욱 확대되었다. 헬레니즘의 개방적인 면들이 유대인들로 하여금 제국내 곳곳에서 삶의 뿌리를 내리도록 한 것이다. 결국 흩어진 유대인들의 거주 지역은 소아시아 일대와 그리스 일대, 그리고 북아프리카로 확장되었다. 유대인들의 확산은 로마가 자신들의 가도들을 촘촘하게 건설하면서 더욱 심화되었다. 아우구스투스 황제 때 유대인들은 심지어 로마에서도 거주하기 시작했다. 이들은 로마 제국 내 많은 도시들에서 살면서 그들만의 회당을 짓고 각종 종교적 공동체적 모임을 가졌다. 그러나 유대인들은 그 독특하게 구별되는 삶의 방식 때문에 로마 사회 내에서 끊임없이 문제가 되었다. 아우구스투스와 티베리우스 황제는 기본적으로 유대인들을 좋아하지 않았다. 유대 문제가 늘 골칫거리였기 때문이었다. 그들은 이 골치 아픈 민족에게 한 편으로 자율권을 주고 다른 한 편으로 통제를 가하는 이중적인 방식을 취했다. 유대인들을 골치 아프게 여긴 것은 이후 황제들 역시 마찬가지였다. 늘 거침이 없었던 칼리굴라(Gaius Caesar Augustus Germanicus, 재위 주후 37년~41년)는 드러내놓고 유대인들을 경멸했다. 그는 알렉산드리아에서 온 유대인 지도자 필로(Philo)일행을 그들의 정적인 그리스인들이 보는 앞에서 무시했다. 심지어 유대 예루살렘에 황제신상을 건설하라는 자극적인 명령을 내리기도 했다. 클라우디우스 황제(Tiberius Claudius Caesar Augustus Germanicus 제위 주후 41년~54년)는 크레스투스(Chrestus)라는 사람과 동쪽으로부터 온 유대인들이 소동을 일으키자 로마시에서 유대인들을 쫓아내기도 했다.

예수 증인 공동체의 시작

　예수님께서 하늘로 돌아가신 후 제자들은 예수님께서 올라가신 곳 예루살렘에서 새로운 하나님 백성 공동체를 시작했다. 예루살렘의 제자들은 그들을 적대하는 세상 한복판에서 세상과는 구별되면서도 세상을 선교적으로 포용하는 모습으로 공동체를 시작했다. 예수님의 제자 공동체는 유대교의 어떤 종파와도 다른 모습이었다. 그들은 예수 그리스도를 통해 새롭게 선포된 하나님의 말씀이 유대인에게든 이방인에게든 '흥왕하게' 되는 역사를 위해 공동체를 시작했다. 그들의 사명은 분명 창세기 1장 28절의 하나님 명령 즉, 생육하고 번성하여 땅에 충만하라는 명령과 맞닿아 있었다. 이제 본격적인 교회의 시작이다.

1. 오순절 예루살렘의 디아스포라 유대인

　제자들과 사도들이 예루살렘의 한 곳(다락방이라고 여겨지는)에 모여 기도하며 말씀을 나누고 있을 때 예루살렘은 오순절 절기를 지키기 위해 세계로부터 온 많은 경건한 유대인들로 북적거렸다. 도시는 평소 5만 명 정도에서 10만 명 정도 되는 규모였으나 유월절이나 그 후 50일째 되는 오순절이 되면 세계로부터 절기를 지키기 위해 몰려 온 유대인들로 그 수가 두 배에서 다섯 배

이상 늘어나기도 했다. 당연히 예루살렘은 절기만 되면 사람들로 북적거렸다. 그것도 온통 종교적인 것에 지대한 관심을 가진 사람들로 말이다. 성경 사도행전의 기록에 의하면 오순절이 되어 각자 종교적인 일들과 토론에 몰두하던 이들은 갑작스레 자기들의 출신 지방 언어로 기도하는 소리를 듣게 된다. 소리의 주인공들은 바로 나사렛 예수를 추종하던 무리들이었다. 이들이 내는 소리는 매우 소란한 기도였는데, 놀랍게도 그들 대부분이 사용하는 언어는 예루살렘에 와 있던 흩어진 유대인들의 출신 언어였다. 각지로부터 온 유대인들은 이 소란한 기도소리의 내용도 들을 수 있었다. 그들은 질문했다. "이들이 다 갈릴리 출신들인데 어떻게 우리 각자의 출신지 언어로 기도하고 있는가?"(행 2:7~8). 이들의 질문하는 이야기를 들은 베드로는 모여든 사람들 앞에서 그가 믿고 그에게 충만한 예수 그리스도의 복된 소식을 전했다. 베드로는 각지로부터 온 유대인들에게 회개할 것과 예수를 믿을 것 그리고 하나님께서 허락하시는 새로운 영으로 충만하여 질 것을 요청했다. 삽시간에 그 자리는 회개하고 예수를 영접하는 사람들로 가득하게 되었다. 흥미롭게도 그 날 회개한 사람들은 바대(Parthia)와 ① 메데(Media), 엘람(Elam) 등의 페르시아 지역과 메소포타미아 지역, 그리고 ② 갑바도기아(Cappadocia)와 본도(Pontus), ③ 아시아(Asia), 부르기아(Phrygia), 밤빌리아(Pam-

초대교회 시대 디아스포라 유대인들의 거주지역

사도 빌립과 베드로의 선교활동

1. 본문의 지명 중 번호가 매겨진 부분을 찾아 지도와 확인한 후 아래의 빈 칸을 채워봅시다.

❶	❷	❸
❹	❺	❻
❼	❽	❾

2. 성경지도를 참고하여 빌립과 베드로의 선교활동지역을 순서대로 정리하여 화살표로 표시해봅시다.

phylia) 등의 아나톨리아 출신들 그리고 마지막으로 애굽(Egypt),
④ 구레네(Cyrene), 리비야(Lybya) 등의 북아프리카, 그 외에도 ⑤
로마(Rome)로부터 온 흩어진 유대인들과 그리고 유대교로 개종
하거나 깊은 관심을 가지고 있는 그레데(Creta)와 아라비아(Ara-
bia) 사람들이었다(행 2:9~11). 이 각각의 지명들은 상당히 중요
한 의미를 갖는다. 베드로의 설교를 듣고 회개하여 예수를 새로
운 구주로 영접한 사람들 가운데 상당수는 원래 사는 곳으로 돌
아가서 예수 그리스도를 믿는 기독교 신앙을 지켰고 그들만의 교
회를 시작한 것이다. 이들은 아마도 예루살렘교회 지도자들과 일
정한 연결고리를 가지고 있었을 것으로 추정된다. 그리고 이 교회
들과 공동체들은 이후 예루살렘으로부터 흩어진 사도들이 세계
각지에서 선교 사역을 전개할 때 중요한 역할을 했을 것으로 보인
다. ⑥ 알렉산드리아로부터 온 아볼로(행 18:25)나 로마로부터 온 아
굴라와 브리스길라가 대표적이다(행 18:1~3). 이들은 모두 사도 바
울을 만나기 전 이미 예수 그리스도에 대한 신앙을 가지고 있었던 것
으로 보인다. 이렇게 볼 때 바울 외에도 많은 사도들이 각자의 선교
지에서 이와 같은 유대인 기독교인들을 만났을 것으로 보인다.

2. 빌립의 전도 여행

빌립은 초대 예루살렘 교회의 성도였다가 다른 여섯 명의 헬라

계 성도들과 더불어 집사로 선임된 사람이다. 빌립이라는 이름이 그렇듯 그는 헬라화된 유대인으로 보인다. 집사라는 것은 예루살렘 교회 내에 유대계와 헬라계 그리스도인 집단이 양립하게 되었을 때 헬라계 과부들이 도움을 얻을 기회를 잘 못 얻는 문제를 해결하기 위해 만들어진 직책이었다. 이 일이 어느 정도 해결되자 집사로 선임되었던 사람들 대부분은 복음 전도자로 나서게 된다. 그 첫 번째는 스데반이었다. 스데반은 주로 예루살렘의 자유민을 위한 회당(the synagogue of the freedmen) 사람들과 논쟁을 벌이고는 했다(행 6:9). 그는 이 회당 사람들에 의해 산헤드린에 피소되었다가 순교했다. 이 일은 예루살렘 교회 성도들에게 큰 파장을 일으켰다. 유대인들 가운데 열렬한 극단주의자들이 예수를 믿는 유대인들을 잡아들이기 시작한 것이다. 결국 예루살렘 교회는 곳곳으로 흩어졌다. 일단의 사람들은 유대를 넘어서 다메섹 등 여러 곳으로 간 것으로 보인다. 그 가운데 한 사람 빌립은 사마리아로 갔다. 유대인이나 헬라식 환경에서 자랐고 교육도 받은 그는 유대계 그리스도인에 비해 율법에 대해 자유로웠다. 그래서 그는 비교적 자유롭게 유대인들이 경멸하는 사람들의 땅 사마리아로 간 것이다. 그의 이후 전도도 계속 그랬다. 사마리아에서 전도를 마치고 예루살렘의 사도들에게 검증까지 받은 빌립은 이어서 ⑦ 가사(Gaza)로 가서 그 곳에서 에디오피아에서 온 내시 간

자유민의 회당
폼페이우스가 예루살렘을 점령했을 때 포로로 잡아간 유대인들의 후예들이다. 그들 대부분은 노예에서 풀려나 자유민이 되었으며 각자 출신지로부터 예루살렘으로 와서 그들만의 회당을 만들었다. 다분히 전통적이고 복고적인 신앙색채를 띠고 있었다.

다게를 만났다. 내시는 남성의 능력을 상실한 사람으로서 예루살렘 성전 출입이 금지되어 있었다. 아마도 예루살렘의 수많은 회당 어디에도 그를 위한 자리는 없었을 것이다. 그럼에도 유대교의 하나님과 신앙에 대한 관심이 많았던 간다게는 스스로 공부했다(행 8:28). 빌립은 그렇게 다시 에디오피아로 돌아가는 간다게를 길에서 만났다. 그리고 거리낌 없이 그에게 하나님 나라와 예수 그리스도를 가르치고 세례를 베풀었다(행 8:38~39). 가사에서 에디오피아인에게 복음을 전한 빌립의 이후 행보는 여전히 유대인들의 근거지를 비껴가는 것이었다. 유대 땅이 전도자인 그에게 위험하기도 했겠으나 그는 매우 전략적으로 이방인들이 많이 사는 곳을 연이어 전도 대상지로 삼았다. 그는 우선 아소도(Azotus)를 전도했고 이어서 ⑧ 가이사랴에 이르러 역시 담대하게 복음을 전했다(8:40). 이후 빌립은 가이사랴에서 거주한 것으로 보인다. 훗날 바울이 2차에 걸친 전도여행을 마치고 예루살렘으로 돌아가고자 했을 때 가이사랴에서 그를 맞이하고 따뜻하게 대접한 사람이 바로 빌립이었다(행 21:8~9).

3. 베드로의 전도 여행

사도행전은 빌립을 이어 베드로의 전도여행을 기록으로 남겼다. 베드로는 우선 사마리아에서 빌립의 전도 결과에 대해 검증을 했다. 그는 이어서 샤론 평야에 위치한 옛 벤야민 지파의 도시 룻다로 갔는데 이곳에서 그는 애니야의 중풍병을 고쳐주었다(행 9:32). 베드로의 이어진 전도 여행지는 욥바였다. 베드로가 애니야를 고쳤다는 소식을 들은 ⑨ 욥바의 성도들이 베드로를 청하여 그곳의 여성 지도자 다비다의 병을 고쳐줄 것을 청했다. 그런데 다비다는 그만 베드로가 가던 중에 이미 죽고 말았다. 그러나 베드로는 죽은 다비다를 살려냈다(행 9:41). 이 일로 욥바의 많은 사람들이 예수를 믿게 되었다. 그후 베드로는 매우 상징적인 거주 행태를 보인다. 바로 무두장이 시몬의 집에 머문 것이었다. 무두장이는 말하자면 염색을 하고 가죽을 가공하는 사람이었는데 그 일은 유대인에게 매우 불결한 것으로 여겨졌다. 그러나 베드로는 거리낌 없이 그 집에 머물렀다. 이후 베드로는 그 곳에서 놀라운 환상을 보게 된다. 하늘에서 가증한 것들을 싼 보자기가 내려왔고 그것을 먹으라는 명령이 있었던 것이다. 베드로는 즉시 그것이 하나님의 특별한 명령임을 알았다. 그 때 그가 머물던 시몬의 집에 ⑧ 가이사랴의 고넬료가 보낸 무리들이 찾아왔다. 고넬료는 하나님을 경외하며 유대교에 대해 깊은 관심을 가졌던 사람인데 언젠가 하나님께서 주신 환상 가운데 새로운 종교적인 비전을 찾던 사람이었다. 베드로는 즉시 그들과 더불어 고넬료의 집으로 갔다. 유대인의 정결예법에 어긋나는 것을 알면서도 그는 이방인 고넬료의 집에 들어가 그와 더불어 음식을 나누었으며 예수 그리스도의 복된 소식을 전했다(행 10:28). 고넬료는 가이사랴에 거주하던 로마군의 백인대장이었다. 당시 백인대장은 로마군의 핵심 전력으로서 백인 단위로 전투를 벌이는 것을 기본 전술로 삼는 로마군단의 핵심 인물이었다. 오랫동안 로마의 곳곳에서 군대 경험을 쌓은 백인대장들은 그가 마지막으로 복무하던 곳에서 현지인과 결혼하고 그 곳에 정착하는 것이 상례였다. 그렇게 정착하여 살다가 그쪽 변경에서 문제가 발생할 경우 다시 군단으로 가 군단을 돕는 역할을 하도록 한 것이다. 고넬료와 그 가정은 아마도 그렇게 가이사랴에 정착한 집안이었을 것으로 보인다. 그런 고넬료에게 복음을 증거한 것은 기독교 초기 선교에서 매우 중요한 진일보로 여겨진다. 기독교가 드디어 유대인의 지경을 넘어서서 사마리아인과 이방인 특별히 이방인 가운데 주요한 사회적 지위에 있는 사람들을 공동체의 일원으로 받아들이게 된 것이다.

십자가 증인들 그리고 넓어진 구원의 지경

예수님께서는 제자들과 교회에게 세상을 하나님 나라의 복된 소식으로 안내하도록 하는 사명을 부탁하셨다(마 28:18~20, 행

1:8). 사도행전 1장 8절은 매우 멋진 위임의 말씀이었다. 그 말씀에 의하면 제자들은 그냥 증인이 되는 것이 아니었다, 그들은 먼저 하나님의 성령으로 충만하게 될 것이었다. 하나님의 영은 예수님께서 공생애 동안 보이신 모든 것, 십자가로 드러내시고 부활로 성취하는 모든 의미를 제자들의 마음과 영 그리고 삶에 더욱 확고하게 새기실 것이다. 그 뿐이 아니었다. 성령께서는 예수 증인 프로그램이 구체적이고 일정한 방향으로 세상을 향하여 확장되어 나아가도록 하셨다. 곧 예루살렘에서 시작하여 유대 땅에 확산되고 사마리아까지 이어져 최종적으로는 땅 끝까지 복음이 선포되도록 하신 것이다. 예수님의 십자가 사랑과 하나님 나라 복음은 유대인들만의 것도 아니고 사마리아인들만의 것도 아니며 헬라인들이나 로마인들만의 것도 될 수 없었다. 예수님의 복된 소식은 복음을 알지 못하는 이들이 있는 곳이면 어디든 그곳을 땅 끝으로 삼아 전파되어야 할 것이었다. 제자들은 세상 모든 이들을 위한 예수 복음에 대한 의식이 아주 강했다. 예수님의 십자가 사역은 이 확신 가득한 제자들을 통해 세상 곳곳 복음을 필요로 하는 곳에 씨앗으로 심겨지고 결실을 맺어 종말의 추수로 이어질 것이다. 중요한 것은 교회이다. 부름 받은 공동체로서 교회는 이제 길과 진리와 생명 되신 예수 그리스도를 믿는 믿음 가운데 하나님 나라로 이르는 길 개척의 협력자요 동반자로 예수

그리스도 곁에 서게 되었다. 예수님께서는 교회에게 당신의 거룩한 영, 성령을 베푸시고 성령의 능력을 힘입어 세상 끝 다양한 선교 현장으로 나아가 복음의 증인이 되도록 사명을 주셨다. 교회는 예수 그리스도의 증인이 되는 일, 그래서 하나님의 나라 참여자들을 확장하는 일을 위해 이 세상에 존재한다. 오늘날까지도 교회는 오직 이 일을 위해서만 이 땅에 세워져 있다.

Q 이 과를 통해 새롭게 알게 된 것은 무엇입니까? 기록해 봅시다.

Q 이 과를 통해 배우고 깨달은 바를 적어보고 가족이나 친구, 동료들과 나누어봅시다.

TBM성경지리공부시리즈

BIBLE TRAVEL

07

사도 바울의 전도여행

하나님의 부름받은 백성들이
이방인들의 세계로 퍼져나간 이야기와
특히, 바울의 선교 이야기를 배웁니다.

예수님에 의해 새롭게 시작된 하나님의 백성 공동체는 이제 본격적으로 유다와 유대인들의 종교 문화적 테두리를 넘어서려고 한다. 예루살렘교회가 스데반의 죽음 후 박해 문제로 흩어지게 되었을 때 초대교회의 새로운 주축이 된 것은 시리아의 안디옥 교회이었다. 안디옥 교회는 처음부터 같은 도시의 헬라 사람들에게 적극적이었다. 그들은 바울과 바나바가 합류한 후에는 본격적으로 이방인을 선교하는 교회로 스스로를 특징지었다. 그리고 유대인이나 유대교도가 아닌 전혀 낯선 이방인을 전도하기 위하여 바울과 바나바를 선교사로 세워 파송했다. 예수 제자 공동체는 이렇게 해서 유대를 넘어서 진정한 '땅 끝'을 향한 선교 여정을 시작하게 되었다. 이방인을 위한 사역에서 바울은 독보적이다. 바울은 성경에서만 세 번에 걸친 전도여행을 통해 소아시아와 헬라의 본토, 그리스 그리고 로마로 이어지는 매우 광대한 영역을 전도했다. 그를 통해 이방의 세계는 진정한 복음의 빛과 맛을 경험하게 되었다.

 Theme 바울의 등장과 이방인 선교

스데반이 산헤드린 공의회에서 끌려 나와 성문 밖에서 순교할 때 사울이라 불리던 바울은 그 처형 집행자들 사이에 있었다(행 7:58). 그는 스데반 처형을 당연한 것이라 생각했다(행 8:1). 이때를 기점으로 정통파 유대교도 바울은 유대교 신앙을 더럽히는 이들을 잡아들이고 처단하는 일에 적극적으로 나서게 된다. 바울도 예수를 추종하는 자들을 잡아들이는 데 앞장섰다. 그는 열심 있는 동료들과 더불어 예루살렘과 유다 곳곳에서 예수의 무리들을 잡아들였다. 그는 곧 이 '정의로운 일'이 유대(Judea)를 넘어선 곳, 디아스포라 유대인들이 거주하는 다른 곳에서도 이루어져야 한다고 생각했다. 그는 곧 자신의 예루살렘의 대제사장에게 '흩어진 유대인들' 가운데 예수를 따르는 무리들을 잡아들일 수 있도록 권한을 달라고 요청했다. 대제사장은 흡족해 하며 그의 권한 행사에 필요한 편지를 써주었다(행 9:1~2).

대제사장의 편지를 받은 젊은 바울은 먼저 다메섹(Damascus)으로 가서 그 곳 예수 무리들을 잡아들이기로 했다. 그런데 다메섹으로 가던 길에서 예기치 않는 경험을 했다. 그가 핍박하던 예수를 만난 것이다. 그 신비롭고 초월적인 경험은 그의 인생을 송두리째 바꿔버렸다(행 9:3~19). 바울은 순식간에 예수님의 사람이 되었다. 그는 일단 아라비아 광야로 나가 그에게 주어진 새로운 신앙과 신념을 정리했다(갈 1:17). 그리고 예수님의 가르침과 사역을 자신이 그때까지 배우고 익힌 유대교와 헬라적 지식에 근거하여 체계화 한 뒤, 유대인들과 이방인에게 자신의 새로운 깨달음을 증거 하기 시작했다(행 9:20~22, 9:28~29). 바울의 사역은 그를 아는 예루살렘의 유대교도들에게나 혹은 기독교인들에게 충격이었다. 그 파장은 바울 자신의 목숨을 위협하는 반향으로 되돌아왔다. 결국 바울은 그로 인한 소란스러움이 잦아들 때까지 고향인 다소에 피해 있었다(행 9:30).

한편 예루살렘 초대교회는 베드로의 이방인 고넬료 가정에 대한 복음 전파가 큰 문제가 되었다. 일단의 예루살렘교회 사람들이 유대인이 어떻게 이방인과 함께 지내며 정결예법을 어길 수 있는지 비판한 것이다(행 11:1~3). 그러나 베드로는 차분하고 단호하게 그것이 하나님의 뜻이었음을 강조했다(행 11:4~18). 이제 분위기는 이방인 선교의 필요성을 강조하는 쪽에 유리하게 돌아가게 되었다. 결정적으로 구레네와 구브로 출신 전도자들이 시리아 안디옥에서 헬라 사람들에게 복음을 전했고 많은 이들이 예수를 구주로 영접했다(행 11:20~21). 예루살렘 교회는 즉시 헬라 및 이방인들 다루는 일에 능숙한 바나바를 그곳으로 보냈다(행 11:22). 안디옥에서 바나바는 열심히 사역했다. 그러나 그에게는 동역자가 필요했다. 바나바는 곧 다소로 가서 바울을 데려와 예수님 사역에 비추어 성경을 가르치는 '교사'로 함께 사역했다. 바나바와 바울의 사역으로 안디옥 교회는 큰 부흥을 일으켰다(행 11:26). 안디옥에서 예수님의 사람들은 처음 '그리스도인'이라는 명칭을 얻게 되었다.

안디옥교회는 로마제국 전역의 이방인을 향한 복음 전파에 큰 관심을 가졌다. 그들은 곧 사역자 바울과 바나바를 이방인을 위한 사도로 세워 파송했다(행 13:2~3). 바울의 전도여행이 시작된 것이다. 1차 전도여행은 구브로 섬을 시작으로 주로 터키 중부, 비시디아 안디옥을 중심으로 이루어졌다(행 13:4~26). 전도의 주요 거점은 유대인의 회당이었다. 바울은 그 곳에서 유대인과 및 유대교에 대해 호감을 가진 이방인들을 대상으로 복음을 전했다. 역시 유대인들의 저항은 대단했다. 결국 바울은 그곳을 떠나 이고니온과 루스드라, 그리고 더베에서 유대인이 아닌 이방인들 앞에서 복음을 전했다. 많은 이들이 바울의 이야기를 듣고 예수 그리스도를 영접하기로 했다. 그렇게 첫 전도여행을 마친 바울은 다시 시리아의 안디옥으로 돌아왔다. 그리고 한 동안 휴식을 취했다.

바울 일행은 우선 1차 이방인을 위한 전도 여행의 성과를 보고

바나바Barnabas
구브로섬 출신의 헬라화된 유대인이다. 그는 부유했던 것으로 보이며, 예루살렘 윗 도시 지역에 집도 가지고 있었다. 이렇게 헬라화된 유대인들이 기독교인으로 개종한 경우 대부분 이방인 선교에 적극적이었다. 그들의 문화적으로 개방적인 삶의 태도 때문이었을 것이다.

했다. 이 때 예루살렘 초대교회 사람들 사이에서는 이방인에 대한 복음 전도 타당성 논쟁이 다시 일어났다. 안디옥 교회는 결국 그 일의 실질적인 경험을 쌓은 바울과 바나바를 예루살렘에 보냈다(행 15:2). 예루살렘 교회의 지도자들은 바울과 바나바의 보고를 듣고 그 모든 일들이 하나님의 계획과 뜻하신 바에 의해 이루어진 것임을 동의했다(행 15:7~18). 예루살렘 교회는 이 때 중요한 결정을 내리게 되는데, '우상의 더러운 것과 음행과 목매어 죽인 것과 피를 멀리하라'는 지침을 만들어 각 교회들에게 보냈다(행 15:19~21). 이 결정은 즉시 몇몇 메신저들에 의해 여러 교회들로 전해졌다(행 15:22~31).

일단의 보고를 마친 바울은 두 번째 전도여행을 준비했다. 이 때 바울은 바나바 및 그의 조카로 알려진 마가와의 결별하고 예루살렘 회의의 결정문을 가지고 함께 왔던 실라와 새로운 전도여행을 시작한다(15:40). 바울의 두 번째 전도여행은 아시아로부터 에게해를 건너 유럽으로 확장되었다는 큰 의미가 있다(16:11). 기독교 최초의 유럽 본토 선교여행이 시작된 것이다. 유럽에서의 선교여행은 지금의 그리스 북쪽의 마게도냐의 빌립보, 암비볼리, 데살로니가 및 뵈레아와 남쪽 아가이아의 아테네와 고린도에서 주로 이루어졌다. 이 때 바울은 신실한 이방인들을 많이 만나기도 했으나 현지 원주민들과 결탁한 유대인들의 모함과 핍박에 시달리기도 했다. 그는 이 전도여행에서 한편으로 많은 결실을 거두기도 했으나 다른 한편으로 심각한 시련과 고통을 당하기도 했다(고전 2:3). 바울의 유럽 전도여행은 말 그대로 그리스 로마 사회와의 직접적인 조우였다. 그 사회는 이제껏 바울과 기독교인들이 접했던 곳과는 달랐다. 종교적으로는 더욱 퇴폐적이면서 문화적으로는 인간 이성과 합리성을 강조하는 견고한 곳이었다. 바울은 그 모든 내외의 어려움에도 복음을 전하는 사명을 내려놓지 않았다.

이어서 바울은 세 번째 전도여행을 시작했다. 그는 두 번째 전도여행 막바지에 잠시 들렀던 에베소에 다시 가서 두란노라 불리는 서원에서 복음을 전하고 가르쳤다. 이 세 번째 전도여행에서 바울은 제국의 중심 로마로 가기를 결단한 것 같다(행 19:21). 그는 에베소를 떠나 그가 전도하고 교회를 세운 마게도냐와 아가이아 일대를 다녔다. 이 때 그는 로마가 있는 이탈리아가 보이는 일루리곤까지 간 것 같다(롬 15:19). 그리고 예루살렘으로 들어갔다(행 21:8). 많은 사람들이 그의 예루살렘으로 가는 길을 걱정했다. 예루살렘에서 바울은 예상대로 폭력적인 유대인들에게 휩싸였다. 그러나 다행히 로마군에게 보호를 받아 총독부가 있는 가이사랴에 보내졌다(행 22:24~29). 바울은 자신의 시민권을 앞세

두란노서원
Hall of Tyrannus
에베소에 있던 작은 개인 도서관으로 보인다. 아마도 에베소의 사람들은 이곳에 모여 공부를 하거나 학문적인 활동을 했던 것으로 보인다. 지금 그 흔적을 찾을 수는 없다.

워 로마로 가 거기서 재판을 받겠다고 주장했다(행 25:10,11). 주어진 상황을 적극 이용하여 자신의 로마행 계획을 실현하려 한 것이다. 총독 베스도는 바울을 로마로 보내기로 결정했다(12). 이때 헤롯 아그립바 2세는 "이 사람이 만일 가이사에게 상소하지 아니하였더라면 석방될 수 있을 뻔하였다"고 말하였다(행 26:32). 바울은 군사들과 더불어 로마로 보내졌다(행 26:11). 이것은 예수님께서 바울에게 "네가 예루살렘에서 나의 일을 증언한 것 같이 로마에서도 증언하여야 하리라"고 말씀하신 것이 이루어지도록 하려는 것이었다(행 23:11). 그렇게 바울은 그가 서원하였던 그의 땅 끝 로마에 이르러 그곳에서 복음을 전했다(행 28:30~31).

바울의 회심, 카라바지오, 로마 산타마리아 델 포폴로 교회, 1601년

사도행전 28장이 바울의 인생 마지막 여행이었는지는 확실하지 않다. 일단은 그가 3차 전도여행 후 로마에서 순교했다고 전한다. 그러나 다른 이들은 그가 풀려나 스페인을 비롯한 새로운 전도 여행을 한 후 다시 로마로 돌아와 체포되고 마침내 순교했다고 하기도 한다. 바울의 전도여행은

한 마디로 유대 땅을 벗어나 세상 이방인들을 향해 나아간 기독교 신앙을 대변한다. 바울의 사역은 세상 모든 이들을 하나님 나라 백성으로 중보하는 제사장의 사역을 가장 잘 드러낸다. 그는 진정 출애굽기 19장 5~6절과 베드로전서 2장 9절의 왕 같은 제사장의 사역의 전형이라 할 수 있다.

 ## 헬라-로마 사회와 디아스포라 유대인

로마의 역사에서 카이사르(Gaius Julius Caesar)는 핵심 가운데 핵심이다. 그를 이해하는 것은 로마를 관통하여 이해하는 열쇠가 된다. 카이사르는 탁월한 국가 운영 능력을 살려 로마를 완전히 바꾸어 버렸다. 그렇게 그는 로마의 종신 독재관이 되었다. 그러나 그의 독재는 오래가지 못했다. 카이사르가 전제적인 황제가 되려한다고 생각한 원로원 공화파 의원들이 그를 살해한 것이다. 주전 44년 카이사르의 죽음은 로마를 다시 혼란으로 빠뜨렸다.

그 혼란을 잠재운 것은 카이사르의 양자로 그의 후계자가 된 옥타비아누스(Octavianus Gaius Julius Caesar)였다. 그는 유명한 안토니우스(Marcus Anthonius)를 상대로 한 악티움 해전에서 승리하면서 제국의 권력을 쥐게 되었다. 주전 27년 원로원은 옥타비아누스에게 카이사르(Caesar)의 후예이며, 임페라토르(Imperator) 즉 군사 통수권을 가진 자이고, 프린켑스(princeps) 즉 제1시민이며, 마지막으로 아우구스투스(Augustus) 즉 존엄자라는 명예로운 칭호를 주었다. 로마의 공화정이 끝나고 본격적으로 황제정이 시작된 것이다. 일단 로마의 제정 시대는 파국이 아니었다. 그것은 팍스 로마나(Pax Romana)라 불리는 지중해 중심 평화의 시대를 의미하기도 했다. 아우구스투스 향후 약 200여 년간 이어진 전례 없는 번영이 시작된 것이다. 평화로운 시대의 실현은 탁월한 카이사르의 정신을 계승하여 국가의 거의 모든 것을 정비한 아우구스투스의 공이 크다. 그는 내치와 외치에 있어서 완벽한 국가 통치의 전형을 이루었다. 그리고 양아버지 카이사르와 자신의 로마에 대한 비전을 후계자들에게 착실하게 전수했다.

아우구스투스를 이은 약 50여년의 로마 역사는 티베리우스 (Tiberius Caesar Augustus, 재위 주후 14년~주후 37년)와 칼리굴라(Calligular, Gaius Caesar Germanicus 재위 주후 37년~주후 41년) 그리고 클라우디우스(Tiberius Claudius Nero Germanicus, 주후 41년~주후 54년) 황제들의 시대였다. 티베리우스 황제는 여러 면에서 아우구스투스 황제의 치세를 잘 관리한 사람이었다. 그의 내치는 주로 전임자 아우구스투스의 원칙을 그대로 따르는 방식이었다. 단, 라인강과 도나우강 방어선이 문제가 많았기 때문에 변방 군사체제를 더욱 굳건하게 하고 군단병의 결원을 크게 보충하는 큰 일을 완수했다. 그를 이은 칼리굴라 황제는 재위기간을 채 4년도 채우지 못한 채 암살당하고 말았다. 그는 치세 기간 내내 좌충우돌하는 경향을 보이다 대결국면에 있던 원로원들에 대한 지나친 공격이 빌미가 되어 죽임을 당하고 말았다. 원로원은 그를 이어 클라우디우스를 로마의 새 황제로 승인했다. 클라우디우스는 황제로 있던 내내 지금의 영국인 브리타니아(Britannia) 원정에 정신을 쏟아 부었고, 카이사르 이후 늘 시끄럽던 북해의 섬은 그의 노력으로 안정적인 로마 지배령이 되었다. 이어서 그는 로마의 시민권자 및 그들의 조세 능력에 대한 대대적인 조사를 실시하여 국가 재정을 안정화하기 위해 노력했다. 문제는 그가 네 번째로 결혼한 아그리피나의 아들이었다. 원래 이름은 도미티우스였는데 아그리피나가 클라우디우스 황제와 결혼한 후 이름을 바꿔 네로가 되었다. 우리가 아는 네로 황제(Nero

*로마의 황제Empero r일반적으로 동서양의 왕(king) 혹은 동양의 황제(皇帝)와는 다른 의미를 갖는다. 로마는 원래 공화정이었으나 포에니 전쟁을 겪으면서 국가의 크기가 확장되고 내전이 자주 일어나게 되자 카이사르가 일인 지배체제를 선언하면서 소위 황제정이 시작되었다. 아우구스투스를 이어 티베리우스와 클라우디우스 시절 크게 발전했다. 황제정은 일인지배체제라는 면에서 일반적인 왕과 유사하지만 원로원과 민회를 유지하고 있다는 면에서 공화제의 일면을 가지고 있기도 하다. 그런 면에서 로마의 황제는 공화적 황제라고 보아야 한다. 로마의 황제정은 특히 오현제라 불리는 트라야누스 황제 이후 마르쿠스 아우렐리우스 황제까지의 시절 큰 번영기를 누리게 된다. 이후에는 디오클레티아누스 같은 전제적 황제들의 등장으로 체제가 퇴보하게 된다.

Claudius Caesar Augustus Germanicus, 재위 주후 54년~주후 68년)이다.

아우구스투르로부터 클라우디우스 황제로 이어지는 매우 안정적인 시기, 유대(Judea)는 정치적으로 복잡하기 이를 데가 없었다. 아우구스투스 시절 유대는 헤롯 일가가 권력을 잡았다. 2차 삼두정치를 끝내고 아우구스투스가 권력을 잡자 헤롯은 로마로 달려가 그에게 머리를 조아렸고, 아우구스투스는 그를 유대의 유일한 왕으로 삼은 뒤, 유대를 그의 치하에 맡겨버렸다. 헤롯 대왕 이후 유대 일대는 헤롯의 세 아들에게 분할되었다. 단, 아우구스투스는 헤롯의 아들들에게 왕의 칭호가 아닌 어정쩡한 분봉왕(tetrarch)의 지위를 주었다. 그리고 유대 지역의 영주였던 헤롯 아켈라오(Herod Archelaus)가 실정을 거듭하자, 그를 폐위하고 예루살렘과 유다 일대를 시리아 속주의 또 다른 속령으로 두었다. 황제가 충성스런 총독(prefect)을 통해 직접 관리하는 속주였다. 속주 속에 속주를 두는 일은 일반적이지 않지만 유대는 그만큼 복잡했고 미묘했다. 이런 식의 로마 직접 통치는 주후 44년 헤롯 아그리파 1세의 통치를 빼고는 지속적으로 유대와 사마리아 영역에서 시행되었다. 이런 식의 통치는 헤롯 안티파스나 빌립이 죽은 후에는 갈릴리와 가울란티스까지도 포함하게 된다(행 12:21~23). 로마는 새로운 방식의 속주에 기존의 원로원급이 아

로마 총독procurator
총독은 로마의 정복지를 총괄하여 다스리는 관리들을 중앙정부에서 파견했다. 일반적으로 속주 총독이라 부른다. 기원후 1세기까지 로마에는 약 20개의 속주가 있었다. 단, 유다 속주는 황제 직할령으로 두고 기사 계급을 총독으로 파견했다. 빌라도가 대표적인 사람이다.

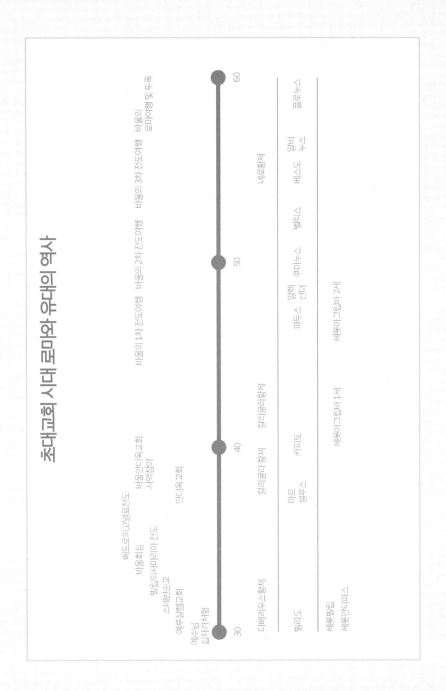

초대교회 시대 로마와 유대의 역사

30

예수님 십자가처형
예수님 공생애
예루살렘교회
스데반순교
빌립의 사마리아 전도
바울의 회심
베드로의 고넬료전도

티베리우스황제

빌라도

해롯빌립
해롯안디바스

40

안디옥교회
바울의 안디옥교회
사역참여

칼리굴라황제

칼리굴라황제

카피토

해롯아그립바 1세

50

바울의 1차 전도여행
바울의 2차 전도여행

클라우디우스황제

파두스 할렉 산덕 쿠마누스 벨릭스

해롯아그립바 2세

60

바울의 3차 전도여행 바울의
로마여행 및 투옥

네로황제

베스도 할비 누스 폴로누스

닌 기사 계급 출신의 총독을 파견했다. 빌라도(Pontius Pilate, 재임 주후 26년~36년)나 벨릭스(Antonius Felix, 재임 주후 52년~58년) 그리고 베스도(Porcius Festus, 재임 주후 52년~62년)와 같은 이들이 그들이었다. 그들은 한 편으로 로마 황제와 시리아 총독의 지시에 따르면서 자치제를 유지하던 영내의 도시들을 관할하고, 무엇보다 정교일치를 주장하는 예루살렘 시민들을 상대해야 했다. 그래서 티베리우스 황제부터 제정 초기 내내 로마는 예루살렘에 한하여 제사장 그룹들의 정교일치 통치 방식을 인정했다. 그러나 그들이 종교법으로 예루살렘과 유대를 다스리는 것은 인정했으나 최종적인 사형의 실행만큼은 로마의 승인을 받도록 해두었다.

로마 제국 내에서 유대인들은 매우 특이한 민족이었다. 그들은 로마 동쪽의 주요 도시들 곳곳에 퍼져 나가 그들의 회당과 거주 지역을 형성했다. 문제는 그들의 배타적인 거주 형태였는데, 유대인들은 결국 로마시를 포함한 곳곳에서 타민족 사람들과 충돌을 일으켰다. 이런 식의 소동 때문에 유대인들은 주후 19년 티베리우스 황제 시절 한 차례 로마를 비롯한 이탈리아 전역에서 쫓겨났다. 유대인 문제가 크게 불거진 것은 칼리굴라 황제 때였다. 이집트 속주 알렉산드리아에서 유대인들과 그리스계 사람들이 상권 문제로 크게 충돌했고, 수적으로 우세한 그리스계 사람들이 유대인들의 가게와 집, 배들을 불태우는 사건이 있었다. 이때 필로(Philo)를 비롯한 유대인 대표자들이 로마에 가서 황제에게 직접 간언을 하는 과정에서 황제의 심기를 건드린 것이다. 황제는 귀찮게 쫓아다니는 유대인들을 드러내놓고 무시하며 옆에 있는 그리스계 사람들을 두둔하기까지 했다. 심지어 그는 유대 지역에 세워진 자신의 신상을 파괴한 유대인들에게 크게 화를 내며, 예루살렘 성전에 로마의 주신 주피터(Jupiter) 신상을 건설하라고 명령하기도 했다. 물론 그가 암살당하는 바람에 그 암담한 명령은 지켜지지는 않았다. 이런 식의 문제는 클라우디우스 황제 때에도 있었다. 그의 통치 기간 중이던 주후 48년 경 로마에서는 크레스투스(Chrstus, 그리스도와 비슷한 발음의)라는 사람과 그에 동조하는 동쪽에서 온 유대인들의 소동이 있었어. 이때에도 로마와 이탈리아에 거주 중이던 유대인들은 그 거주지에서 쫓겨나게 되었다(행 18:2).

세계의 땅 끝으로 간 바울

초대교회가 확장되는 시점에서 바울은 이방인 선교를 통하여 교회의 활동 영역을 폭발적으로 확장했다. 다른 사도들 역시 나름대로 광폭의 복음 선교 행진을 했고 또 각기 나름대로 놀라운 선교의 결실을 보기도 했으나 바울은 그 가운데도 독보적이다. 성경 누가가 증언하는 바울은 모두 네 번에 걸친 선교 여행을 감행했다. 그는 예루살렘과 시리아의 안디옥을 기점으로 소아시아, 그리스 그리고 로마 등을 향하여 확장적으로 선교 여행을 펼쳤다. 바울은 그 모든 어려움에도 제국 동쪽 주요 거점도시들에 복음의 씨앗을 뿌렸다. 그리고 바울의 공격적인 선교여행을 기반으로 초대교회는 헬라와 로마 사회 안으로 빠르게 진출했고 정착했다. 설화에 의하면 바울은 1차 로마 감옥 투혹후 풀려나 스페인으로 가서 복음을 전했다고 한다. 그리고 네로 시절 다시 로마로 돌아와 있던 중 베드로와 더불어 순교했다.

1 벤야민 지파 바리새파 사람 바울의 회심

기독교 초기 역사에서 바울의 공헌은 분명하고 확고하다. 그는 유대 일대와 소아시대 일대, 그리고 그리스 거의 전역과 이탈리아 로마를 그의 복음 전도 영역으로 삼고 종횡무진 선교 활동에 매진했다. 그러나 바울이 처음부터 복음에 대해 열정적이었던 것은 아니었다. 그는 원래 정통 유대인이었고 유대교에 심취했던 사람이었다. 그는 유대인이었으나 '흩어진 사람들'의 자손으로 로마의 소아시아 쪽 속주였던 길리기아의 ① 다소(Tarsus)에서 태어났다. 그의 집안은 로마의 시민권을 가지고 있던 사람들이었으며, 태어나면서 로마 시민권을 가진 사람은 당대 사회에서 무시하지 못할 신분의 힘이 있었다(행 22:25~29). 그가 태어난 다소는 당대 헬레니즘 문화의 중심지로 버가모나 알렉산드리아, 로도스 등과 더불어 방대한 규모의 도서관과 교육기관으로 유명한 도시였다. 그는 아마도 이곳에서 헬라식 교육을 받은 것으로 보인다. 그리고 어느 정도 나이가 찼을 때 예루살렘으로 보내져 그 곳에서 유대식 교육을 받았다. 그의 유대교 스승은 바리새파 가말리엘이었다(행 22:3). 가말리엘은 바빌론 출신 힐렐의 제자로서 예수님과 바울 시대 유대와 예루살렘의 유대교의 핵심 중 핵심이라 할 만한 사람이었다. 이렇게 헬라철학과 유대교에 정통한 바울은 청년기 내내 정통 유대교에 심취했으며 당시 새롭게 일어서기 시작한 예수 그리스도의 기독교를 경멸했다(행 7:58, 8:1,3). 그러나 바울은 ② 다메섹에서 회심했다(행 9:1~9). 다메섹에서의 회심 이후 그는 한 때 ③ 아라비아로 내려가 그 곳에서 어느 정도의 시간을 보낸 것으로 보인다(갈 1:17~18). 그리고 그는 다시 다메섹으로 돌아와 열심히 복음을 전하다 유대인들의 음모와 핍박을 피해 예루살렘으로 갔다(행 9:23~25). 예루살렘으로 가서 바울은 예수님의 제자들을 만났다(갈 1:18~19). 그러나 그 곳에

가말리엘Gamaliel
예수님 당시 유대교의 유명한 랍비였다. 바빌론에서 온 힐렐의 제자였으며 훗날 바울의 스승이 되기도 한다. 그는 기독교가 퍼져나갈 무렵 기독교를 보호하는 듯한 발언을 하기도 했다.

도 오래 있을 수는 없었다. 바울이 변했다는 이야기가 퍼지자 헬라파 유대인들이 그를 가만두지 않은 것이다. 결국 그는 고향인 길리기아의 다소로 돌아갔다. 그는 아마도 이곳에서 약 10년 정도의 세월을 보낸 것으로 보인다. 그 사이 ④ 시리아 안디옥(Antioch of Syria)에서는 큰 부흥이 일어났는데 이 일을 협력하기 위해 예루살렘에 있던 바나바가 안디옥에 파견되었다. 안디옥에서 사역하던 바나바는 바울을 기억해 냈다. 바울이라면 안디옥에서 새로 형성되기 시작한 헬라계 그리스도인 혹은 이방 그리스도인들을 잘 가르칠 것으로 본 것이다. 바나바는 그렇게 바울을 안디옥 교회로 데려왔고 바울은 그 곳에서 열심히 사역했다(행 11:25~26). 바울은 안디옥에서 선지자요 교사로 사역했는데, 바나바와 니게르라는 시므온, 구레네 사람 루기오, 헤롯의 동생 마나엔과 함께 하는 사역이었다(13:1).

2. 바울의 1차 선교여행

안디옥 교회는 열심히 기도하는 교회였다. 그들은 성령의 감동으로 이루어지는 일들에 순종적이었다. 한 번은 성령께서 바울과 바나바를 특별한 일을 위한 사역자로 파송하라고 하셨다. 그들은 그대로 순종하여 그 일을 추진했고 바울과 바나바를 이방인을 위한 선교사로 파송했다. 바울과 바나바의 1차 전도여행은 우선 ①

다소(Tarsus)와 실루기아(Selucia)를 지나 바나바의 고향 ⑤ 구브로(Cyprus)로 이어지며 시작되었다(행 13). 바울은 이곳에서 총독 서기오 바울에게 복음을 전하고 유대인 마술사 바예수의 눈을 어둡게 했다. 이어서 바울 일행은 배를 타고 소아시아 밤빌리아 속주의 버가(Perga)로 갔다. 이곳에서 동행했던 젊은 마가는 그만 돌이켜 고향 예루살렘으로 돌아가고 말았다. 이어서 바울과 바나바는 ⑥ 비시디아의 안디옥(Antioch of Pisidia)으로 가서 그 곳에서 복음을 전했다. 그러나 그들은 그 곳 유대인들과 귀부인들에게 오히려 박해를 당했다. 바울 일행은 할 수 없이 갈라디아 속주 루가오니아 지역의 이고니온(Iconium)과 ⑦ 루스드라(Lystra) 그리고 더베(Derbe)로 가서 복음을 전했다(행 14). 루스드라에서 바울과 바나바는 걷지 못하는 자를 고치고 복음을 전했다. 이곳에서 바울은 그곳 사람들에게 제우스와 헤르메스라는 오해를 받았고 결국 그들은 그곳에서도 죽을 만큼 돌에 맞는 박해를 받았다. 겨우 그곳을 탈출한 바울과 바나바는 버가에서 복음을 전하고 제자들을 세운 뒤 다시 역행하여 루스드라와 이고니온 그리고 안디옥을 거쳐가며 교회를 굳건하게 하고 장로들을 세운 뒤 버가와 앗달리아(Attalia)로 와 다시 시리아의 안디옥으로 돌아왔다.

회당Synagogue
바빌론 포로기이후 흩어진 유대인들이 만든 각 지역에 자신들만의 종교적 모임장소이다. 1세기경 전 세계에는 약 2백만 명의 유대인들이 흩어져 살았고 그들이 사는 곳 대부분에는 회당이 있었다. 한편, 회당 모임을 만들기 위해서는 성인 유대인 남자 10명이 충족되어야 했다.

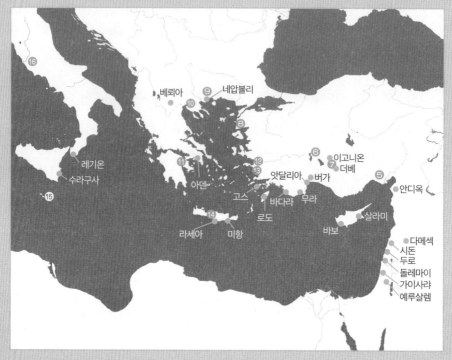

베뢰아 ⑨ 네압볼리
⑯
⑩
⑧
레기온
수라구사 ⑪ ⑫ ⑥ 이고니온
아덴 ⑬ ⑦ 더베
고스 앗달리아 버가 ⑤
⑮ 바다라 무라 안디옥
라세아 ⑭ 로도 살라미
미항 바보
다메섹
시돈
두로
돌레마이
가이사랴
예루살렘

바울의 회심과 사역의 시작

①
④
시돈
가이사랴 ②
욥바 가버나움
예루살렘
③

1. 본문의 지명 중 번호가 매겨진 부분을 찾아 지도와 확인한 후 아래의 빈 칸을 채워봅시다.

❶	❷	❸
❹	❺	❻
❼	❽	❾
❿	⓫	⓬
⓭	⓮	⓯
⓰		

2. 성경지도를 참고하여 사도 바울의 회심과 초기사역 그리고 전도여행 여정을 화살표로 표시해봅시다.

3. 바울의 2차 전도여행

바울이 1차 전도여행을 마치고 안디옥으로 돌아와 있는 동안 예루살렘 교회는 중요한 한 가지 안건을 처리했다. 바로 이방인 문제였다. 베드로 및 여러 신실한 사도들과 더불어 이방인 선교에 대한 안정적인 인준을 받은 바울은 안디옥에서 재충전을 하고 2차 전도여행을 시작했다. 그러나 바울은 이번에는 마가와 동행하려는 바나바와 결별했다. 바나바는 마가와 더불어 자신의 고향 구브로를 복음화 하는데 진력했다(행 15:39). 바울은 할 수 없이 새로운 동역자 실라와 더불어 다소와 실루기아로 간 뒤 이전 1차 전도여행지였던 더베, 루스드라, 이고니온 그리고 안디옥에 들렀다. 물론 그 곳 교회들을 굳건하게 하는 일이 목석이었다. 특히 바울은 루스드라에서 디모데를 동역자로 선택하여 선교여행에 동참시켰다(행 16:1~3). 루스드라를 출발하여 안디옥을 지나친 바울 일행은 처음 아시아 속주로 가서 복음을 전하려 했으나 쉽게 되지 않았다. 이어서 무시아 지방을 지나 비두니아 속주와 본도 속주로 가서 복음을 전하려 했으나 그것도 여의치 않았다. 결국 그들은 ⑧ 드로아(Alexandria Troas)로 내려가 그곳에서 에게해를 바라보며 머물렀다. 그리고 바울은 그 곳에서 마게도냐 지역과 서쪽을 향한 복음 전도의 비전을 보게 된다(행 16:9). 이방인을 위한 전도여행의 새로운 전기가 시작된 것이다. 바울은 곧이

어 드로아를 출발하여 사모드라게(Samotrace)를 지나 네압볼리
(Neapolis)에 도착했다. 그리고 네압볼리의 본 도시 ⑨ 빌립보
(Philippi)로 가서 그 곳에서 자주옷 장사를 하는 두아디라 출신 루
디아와 일가를 복음화 하는데 성공한다(행 16:14~15). 그러나 바
울은 이곳에서 큰 곤욕을 치렀다. 다행히 로마 시민권자라는 명
분으로 풀려났으나 그는 빌립보를 떠나야 했다. 그 다음 바울과
일행은 ⑩ 데살로니가(Thessalonica)에 도착하여 그곳에서 복음
을 전했다. 그 곳에서도 그와 그가 전도한 데살로니가의 성도들
은 유대인들의 모함으로 곤경에 처하게 되었다. 결국 그 일로 바
울은 데살로니가를 나와 베뢰아(Beroea)로 갔다. 그러나 데살로
니가의 모함자들은 집요했다. 베뢰아까지 쫓아와 바울을 괴롭힌
것이다. 바울은 괴로웠다. 바울은 베뢰아 신실한 사람들의 도움
을 받아 당대 최고의 문화도시 아덴으로 이동했다. 아덴에 홀로
남겨진 바울은 그러나 그 위대한 도시에게서 조차 실망하게 된다
(행 17:15~32). 그는 일단의 선교적인 결실을 보기도 했으나 전
반적으로는 아덴의 종교적 난맥상에 고전했다. 그는 아덴에도 오
래 있을 수 없었다. 그는 아가야 속주의 수도 ⑪ 고린도(Corinthos)
로 갔다(행 18:1). 그런데 고린도 역시 녹록치 않았다. 그 곳에서
일평생의 귀한 동역자 아굴라와 브리스길라를 만났고 데살로니
가로부터 온 실라와 디모데로부터 은혜로운 소식을 듣기는 했으

나, 바울은 고린도에서도 역시 법정 다툼을 겪어야 했다. 결국 바울은 고린도를 떠나 에베소(Ephesus)로 갔다가 브리스길라와 아굴라와 헤어지고 겐그레아로 가 거기서 서원한 바를 위하여 머리를 자른 뒤(행 18:18) 수리아로 가는 배를 탔다. 돌아오는 길에 바울은 에베소에서 일시 복음을 전했다(행 18:19~21). 배편으로 가 이사랴를 거쳐 시리아 안디옥에 돌아왔다.

4. 바울의 3차 전도여행

두 번째 전도여행을 마친 바울은 안디옥에 오래 있지 않았다. 곧 다시 전도여행을 출발하여 그가 최초로 전도활동을 했던 갈라디아와 부르기아(Phrygia)에서 전도활동 및 교회를 굳건하게 하는 사역을 지속했다(행 18:23). 바울은 이어서 아시아와 특히 ⑫ 에베소(Ephsus)로 가서 복음을 전했다. 그의 에베소 사역은 실로 대단한 것이었다. 바울은 처음 그곳 유대인 회당에서 석 달 동안 복음을 전했다. 그런데 유대인들이 그의 복음 전하는 일을 가로막자 이번에는 두란노라는 사람의 서원에서 제자들을 모아 강론을 했다. 그곳에서 그는 실로 위대한 강연 활동을 계속했으며 약 2년에 걸쳐 이루어진 강론을 통해 수많은 사람들이 제자가 되었고 에베소 사람들은 그들이 빠져있던 사교 관련 서적들을 불태우기도 했다(행 19:9). 그러나 에베소 역시 바울을 그대로 두지 않

사교관련서적
보통 '에베소 스크립트'라고 불린다. 일종의 주문 같은 이 문서가 에베소에는 굉장히 많았다고 한다. 지금도 유럽에는 에베소 스크립트가 많이 골동품으로 많이 유통된다.

앗다. 은장색 데메드리오가 바울과 일행을 모함했고, 결국 바울은 다시 에베소를 떠나 이번에는 마게도냐와 아가야 지역을 두루 다니며 복음을 전하고 그가 세운 교회들을 굳건하게 했다(행 20:1~5). 이 때 바울은 로마 선교에 대한 계획을 구체화 한 것으로 보인다(행 19:21). 그는 이제 로마로의 마지막 여행을 준비했다. 그는 아가야에서 다시 육로를 통해 마게도냐로 가서 그곳에서 그가 최초로 유럽 선교를 위하여 비전을 보았던 드로아로 갔다. 그곳에서 성도들을 만나 그들을 굳건하게 한 바울은 이어서 앗소(Assos), 기오(Chios)를 거쳐 사모(Samos)와 ⑬ 밀레도(Miletus)에 이르러 에베소의 장로들과 대면하고 위로한 뒤(행 20:15), 로도(Rhodes)를 지나 두로(Tyre)와 돌레마이(Ptolemais)를 거쳐 가이사랴(Caesarea)에 갔다. 거기서 빌립의 가족들과 만난 뒤 예루살렘으로 갔다.

5. 바울의 로마 여행

바울의 당대 세계의 중심 로마로 향하는 전도여행은 예루살렘을 기점으로 삼아야 한다. 예루살렘에 도착해서 교회 지도자들 및 성도들을 만난 바울은 정결예법을 지키라는 지도자의 권유를 따라 성전에 갔다가 동행한 아리스다고가 헬라 사람이라는 것이 밝혀져 거의 죽을 뻔하게 된다. 그 때 예루살렘에 주둔하고 있던 로마군이 그를 구출했고 로마군은 그가 로마 시민이라는 사실을 알고 가이사랴의 총독에게 보낸다. 바울은 가이사랴에 가기 전 유대인들 앞에서 자신의 인생 경험과 예수 그리스도에 대한 고백을 선포하고 유대인들의 더욱 큰 미움을 받게 된다(행 22). 바울은 가이사랴에 도착해서 그를 기소한 유대 지도자들과 법정 논쟁을 벌이게 된다. 로마 총독 벨릭스는 이 문제를 약 2년 동안 해결하지 않은 채 놔두었다. 그는 바울을 자유롭게 다니도록 했고 동시에 여러 암살 음모로부터 보호하기도 했다. 벨릭스를 이어 베스도가 총독으로 부임하자 바울 문제는 다시 수면위로 떠올랐다. 베스도는 유대인 고소인들의 이야기를 듣고 또 바울의 변론도 들었다. 이 때 바울은 자신을 황제의 법정에 세워줄 것을 요청한나(행 25:11). 로마 시민이 요청한 이상 그를 로마로 보내는 것은 법적인 문제였다. 이때 헤롯의 손자인 아그립바 2세는 바울이 굳이 황제의 법정에 가지 않아도 무죄라는 것을 알았기에 로마로 가려는 바울을 이해할 수 없다는 입장을 보였다(행 26:30~32). 바울의 로마로의 여행은 그러나 쉽지 않았다. 바울과 일행은 우선 시돈(Sidon)으로 가서 그곳에서 소아시아 밤빌리아의 무라(Myra)로 가는 배를 탄 후 무라에서 이탈리아로 가는 알렉산드리아 배를 갈아탔다. 이어서 그들은 로도스를 지나 ⑭ 크레타(Crete)의 살모네(Salmone), 라세아(Lasea)와 뵈닉스(Phoenix)를 스쳐 갔다.

유라굴로Euraquilo
겨울철 지중해에서 많이 부는 폭풍이다. 주로 크레테 섬에서 시작된 차가운 바람이 지중해의 따뜻한 바람과 만나면서 발생한다. 바울 일행은 로마로 가는 길에 이 폭풍으로 고생했다.

그러나 그 때는 겨울철이어서 보통 지중해 항해를 하지 않는 시절이었다. 그럼에도 알렉산드리아 배는 항해를 계속했고, 결국 유라굴로 광풍을 만난 뒤 크레타 섬 아래 가우다 섬 근처에서 표류하게 되었다. 그러나 그들은 항해를 멈추지 않았다. 결국 바울이 탄 배는 아드리아 해에서 큰 광풍을 만나 정처 없이 표류하게 되었다. 그렇게 표류하다가 이탈리아 시실리아 섬 남부의 ⑮ 멜리데(Malta) 섬에 겨우 도착했다. 그리고 시실리아의 시라구사(Syracuse)와 이탈리아 남부 레기온(Rhegium)과 보디올(Puteoli)를 거쳐 ⑯ 로마(Rome)로 가게 된다.

 Maxims **한 사람의 열정과 순종으로 복음의 지경이 넓어지다**

바울의 선교를 통한 복음과 교회의 확장은 경이로운 것이었다. 그는 다메섹으로 가는 길에 경험한 놀라운 사건을 통해 평생의 그리스도인이 되었다. 이후 그는 예루살렘과 아라비아와 다소 그리고 안디옥 등에서 예수 그리스도에 대한 신앙과 구약성서의 맥락을 연결하는 일, 나아가 세상과 교회를 그리스도의 재림으로 어떻게 끝나게 될지를 정리했다. 그리고 그 모든 것을 그의 전도여행의 주요 핵심 콘텐츠로 삼았다. 그의 3차에 걸친 전도여행은 주로 로마의 가도(街道)들과 그 가도의 주요 요충지마다 위치한 헬라와 로마의 주요 도시들을 중심으로 이루어졌다. 바울의 전도는 처음 유대인들이 많이 모이는 곳을 중심으로, 점차 유대인의 지경을 넘어서서 헬라와 로마인들의 영역으로 넘나드는 방식이었다. 무엇보다 바울은 아시아와 마게도냐 그리고 아가야 지역에 교회 세우는 일에만 집중하지 않았다. 그 자신이 예수 그리스도의 몸의 일부이듯, 그의 교회들 역시 예수 그리스도의 몸의 일부였기에 그는 그 교회들이 바르게 성장하고 부흥하는 일에 큰 관심을 기울였다. 그는 자기 몸 돌보기도 쉽지 않은 전도 여행의 와중에 곳곳에 있는 교회들의 안녕을 위하여 편지를 보내고 회람하도록 권면했다. 그러나 바울의 위대함은 당대 헬라 로마 문화를 몸으로 겪으며 그 문화적 도전들을 복음의 능력으로 이겨나간 것이다. 그는 한 사람이 감당해 냈다고 보기에는 너무도 크고 광대한 지역, 문화, 사람들에게 복음을 전했다. 그는 그리스도인들이 세속의 문화가 아닌 복음과 교회의 가치에 머물도록 했다. 그는 또한 그리스도인과 교회가 십자가의 정신으로 세속의 역사를 이기도록 안내했다. 그래서 종국에 임할 하나님의 나라를 준비하는 은혜의 공동체가 되도록 했다. 그는 한 명의 평범한 사람이었으나 동시에 세상을 그리스도인에게 인도한 크고 위대한 그리스도인이었다.

Q 이 과를 통해 새롭게 알게 된 것은 무엇입니까? 기록해 봅시다.

Q 이 과를 통해 배우고 깨달은 바를 적어보고 가족이나 친구, 동료들과 나누어봅시다.

TBM성경지리공부시리즈

BIBLE TRAVEL

08

사도들의 선교와 소아시아 일곱 교회

하나님의 부름 받은 백성들이
복음을 들고 세상 곳곳으로 나아간 이야기와
주님을 기다리며 교회를 지켜간 이야기를 배웁니다.

사도 바울이 로마, 나아가 스페인을 향해서 자신의 선교를 집중하는 동안 베드로를 비롯한 제자들과 사도들은 나름의 선교적 비전과 열정으로 교회를 확장해 나아갔다. 요한을 제외한 초대교회 사도들의 사역은 일반적으로 네로 황제의 박해와 예루살렘이 파괴되는 주후 70년을 전후로 대부분 종료된다. 이 시기 로마의 박해에도 교회는 크게 확장되었다. 예루살렘 교회를 비롯하여 사도들이 세운 동방의 교회들은 꾸준히 성장했고 주변으로 확장되었다. 초기 교회들은 이어서 북아프리카와 제국의 서쪽 영역 특히 로마와 프랑스 리용을 중심으로 하는 지역들에 많은 교회들을 세워갔다. 심지어 브리타니아 그러니까 영국에까지도 진출했다. 특별히 1세기 말에 세워진 교회들 가운데 성경에 기록된 교회들이 있다. 바로 요한계시록에 등장하는 소위 소아시아 일곱 교회들이다. 초대 사도들 이후 교회는 사도들이 세운 제자들 그러니까 속사도 교부들(Apostolic Fathers)에 의해 주도되었다. 로마의 클레멘트(Clement), 서머나의 폴리캅(Policarp), 안디옥의 이그나티우스(Ignatius), 알렉산드리아의 바나바(Barnabas), 로마의 헤르메스(Hermes), 히에라폴리스의 파피아스(Papias) 등이 대표적인 사람들이다.

Theme 열 두 제자들의 선교와 교회의 확장

　베드로와 안드레는 요한, 야고보와 더불어 예수님의 최초 제자들이었다(마 4:18~22, 막 1:16~20, 눅 5:7, 요 1:35~42). 베드로는 초대교회에서 가장 중요한 인물이었다. 그는 제자들 그룹의 우두머리였으며 복음 전도에서 가장 핵심적인 리더십을 가진 사람이었다. 베드로는 가이사랴의 고넬로 가정에게 세례를 베푼 후 잠시 예루살렘에 머물다가 안디옥으로 갔다(갈 2:11~13). 그는 그곳에서 이방인 그리스도인들과 식탁의 교제를 하다가 예루살렘 교회 사람들이 오자 자리를 피했던 문제가 있었다(갈 2:13). 어쨌든 유세비우스(Eusebius of Caesarea) 같은 역사가들은 그가 안디옥에서 오랫동안 지도자로 서 있었던 것으로 말한다. 바울은 매번 선교여행으로부터 돌아왔을 때 베드로를 만났을 것이다. 이후 베드로는 로마로 이어지는 여행 중에 고린도에 들러 그 곳 교회들을 견고하게 하는 일에 헌신했다. 고린도전서에 등장하는 '게바파'는 아마도 이 때 발생한, 베드로를 추앙하는 무리들이었을 것으로 보인다(고전 1;12). 이후 베드로의 사역지는 로마였던 것으로 보인다. 그는 바울이 1차로 구금되었던 60~62년 시점을 조금 지나 로마로 가서 사역했고, 이후 그 곳에 다시 온 바울을 만났을 것이다. 이후 두 사람은 함께 로마의 교회를 굳건하게 하고 성장하게 하는 일에 헌신하다가 로마에 대화재가 발생한 주후 65년 경 순교했다.

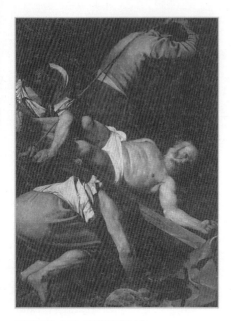

베드로의 순교, 카라바지오 작,
로마 산 루이지 델 프란세시 교회, 1600.

다른 사도들의 선교 역시 열렬했다. 베드로의 형제 안드레는 전혀 다른 방향으로 선교했다. 그는 흑해 동쪽 연안 지역의 스키티아(Scythia)에 가서 복음을 전하다가 마게도냐 위쪽 드라키아(Thrace)에서도 복음을 전했다. 그리고 그리스 남부 아가야(Achaea)로 내려와 복음을 전하다가 파트라스(patras)에서 엑스자형 십자가에서 순교했다. 요한의 형제요 세베대의 아들 야고보는 주후 44년 예루살렘에서 헤롯 아그립바 1세에 의해 순교했다(행 12:2). 그러나 몇몇 교회 전통(특히 스페인 교회)에 의하면 그는 한 때 이베리아 반도에 가서 복음을 전했다고 알려져 있다. 빌립과 바돌로매는 주로 시리아, 부르기아(Phrysia) 그리고 그리스 일대에서 복음을 전했다. 그들은 지금 파묵칼레로 유명한 히에라볼리(Hierapolis)에서 복음을 전하다가 그곳 로마 총독에게 붙들려 거꾸로 십자가에 달리는 형에 처해졌다. 빌립은 순교하는 순간에도 복음을 전했는데, 그래서인지 사람들이 바돌로매는 풀어주고 빌립은 죽도록 내버려두었다고 한다. 빌립은 그 십자가에서 순교했다. 그 십자가에서 살아 온 바돌로매에게는 다양한 선교 활동 추정 기록이 있다. 빌립과 더불어 터키 지역에서 선교한 후, 빌립은 인도서 복음을 전한 것으로 알려졌다. 인도에는 그가 남겨 두었다는 마태복음 사본이 있다. 이후 그는 유다와 다대오 등과 더불어 아르메니아(Armenia)에 가서 복음을 전하다가 그곳 알바노폴리스(Albanopolis)에서 껍데기가 벗겨진 채 참수형을 당했다고 한다.

마태복음의 저자로 알려진 마태는 오랫동안 유대 일대를 순회 사역하다 동방으로 갔다. 그리고 거기 파르티아에서 순교했다고도 하고, 혹은 아프리카 에티오피아에서 순교했다고도 한다. 알패오의 아들 야고보는 주로 예루살렘에서 사역하며 지도자로 있다가 부활절에 바리새파 사람들에 의해 배교를 강요당한 뒤 성전 꼭대기에서 밀려 떨어져 순교했다. 예수님의 부활을 믿을 수 없다고 말했던 도마는 처음 파르티아(페르시아)에 가서 복음을 전하다가 나중에 바돌로매와 인도로 가서 복음을 전했다. 주후 약 2세기경에 파르티아가 제국으로 발돋움 할 때 인도 북서부 지역에 교회와 지도자들과 평신도들이 있었다는 기록이 있는 것으로 보아 도마의 선교 여행은 매우 성공적이었던 것으로 보인다. 도마

아르메니아 기독교
바돌로메와 빌립에 의해 아르메니아로 전파된 기독교는 크게 성장했다. 아르메니아인들은 이 때 기독교를 국교로 받아들이기도 했다. 국교가 된지 얼마 지나지 않아 내전이 일어나고 기독교인들은 무참하게 순교당했다. 그러나 아르메니아 기독교는 지금도 전통을 가진 기독교 일파 가운데 하나이다.

는 아마도 주후 약 50년경 인도에 도착한 것으로 보이며 그곳에 이미 있던 유대인 공동체에서 거주한 것으로 보인다. 그는 그 곳에서 순교했다.

시므온은 주로 유다와 활동을 많이 했는데 먼저 이집트에서 선교하다가 유다와 합류한 후 아르메니아 선교에 주력했다. 이후 두 사람은 시리아(레바논) 일대에서 선교했는데 주후 약 65년경에 순교한 것으로 보인다. 다대오라고도 알려진 유다는 아르메니아에서 주로 선교하다가 시므온과 더불어 유다, 사마리아, 시리아에서 선교했고 유다와 함께 지금의 베이루트에서 도끼에 의해 참수당하여 순교했다. 맛디아는 유대지역에서 복음을 전하다가 갑바도기아로 간 뒤 다시 카스피해(Caspian Sea) 일대에서 복음을 전했다. 그리고 지금의 그루지아(Georgia)에서 복음을 전하다가 그 곳에서 원주민들에 의해 돌에 맞아 순교했다.

사복음서와 서신서 등 신약성경 기록에서 바울만큼 중요한 사람은 사도 요한이다. 제자들 중 가장 어렸던 요한은 대부분 사도들이 순교하는 와중에도 에베소에서 예수님의 어머니 마리아와 함께 살았고 그곳 에베소 교회의 수장으로 신실하게 사역했다. 그동안 그는 요한 1,2,3서 세 서신을 작성했다. 요한은 도미티안

(Domitianus) 황제의 박해 때 체포되어 끓는 기름 가마에 던져지는 형에 처해졌으나 살아남았다고 한다. 이후 그는 밧모섬(Patmos Island)에 유배되었는데, 그곳에서 오히려 요한계시록을 기록했다. 풀려난 이후에는 에베소에서 요한복음을 기록하고 자연사했다.

사도시대를 넘어서면서 교회는 로마 곳곳에서 더욱 발전하고 정교해졌다. 요한의 계시록 2장과 3장에는 소아시아 서부 지역 일곱 교회들이 등장한다. 대표격인 에베소(Ephesus)를 비롯한 서머나(Smyrna), 버가모(Pergamum), 두아디라(Thystira), 사데(Sardis), 빌라델비이(Philadelphia), 라오디게아(Laodicea) 등의 교회들이 바로 이들이다(계2:1~3:22). 서머나와 빌라델비아를 제외한 교회들은 요한에게 칭찬과 책망을 함께 받았다. 그러나 이 두 교회는 오직 책망만 받은 교회들이다. 1세기 후반 로마 제국은 이 교회들에 대해 관심을 갖기 시작했다. 그리고 네로 때와는 다른 처리 방식을 고민했다. 로마의 태도 변화는 초대 사도들의 시절 누리던 상대적인 자유와 안정감이 사라져가고 있음을 의미한다. 그런 시점에서 요한이 소아시아의 교회들에게 편지를 보낸 것은 매우 의미가 깊다. 이 교회들은 결국 사도들의 시대를 넘어 아직 실현되지 않은 그리스도의 재림을 기대하며 살아가는 교회

밧모섬
지중해 에게해에 있는 작은 섬이다. 로마시대에 은 광산이 발달했다. 주로 노예들을 보내 은을 채굴하게 했으며 한 번 들어가면 죽어서 나오는 고통스러운 곳으로 유명했다. 요한은 이곳에서 유배생활을 하다가 도미티아누스 황제의 죽음으로 풀려나게 된다..

들이 가져야할 것, 그리고 버려야 할 것들이 무엇인지 가르치고 있다.

 1세기 즈음 로마제국과 기독교

　사도바울이 로마를 처음 방문했던 주후 60~62년 즈음 로마 제국은 유명한 네로 황제(Tiberius Claudius Nero Drusus Germani-cus, 재위 주후 54~68년)의 시대였다. 네로는 알려진 대로 현명한 황제는 아니었다 해도 대단한 폭군도 아니었다. 그는 그저 감정적이었고 예술을 사랑했던 황제였으며 덕분에 갈피를 잡지 못했던 황제였을 뿐이었다. 어머니 아그리피나의 주도로 황제가 된 네로는 처음 얼마동안 통치보다는 예술적 감각을 살린 포퓰리즘에 관심을 많이 보였다. 덕분에 로마시내에서는 무수한 연극과 공연, 경기들이 열렸다. 그러나 주후 59년을 넘어서면서 이전 황제들의 선정으로 이룬 결과들이 바닥을 드러내고 자신에 대한 반감이 고개를 들자 네로는 그 주범으로 어머니 아그리피나를 지목하고 살해했다. 이후 광포한 정치 행태를 벌였는데 대표적인 것이 팔라티노 황궁 언덕 아래 늘어져 있던 하층민들의 거주 지역에 불을 지른 것이다. 알려진 대로 그는 이 화재의 원인을 기독교인들에게 돌렸고 그것을 빌미로 기독교를 박해했다. 점진적으로 확장세를 보이고 심지어 로마시내에서도 기독교인들이 늘어가는 상황에서 치명적인 상황이 발생한 것이다.

이후 로마제국에서 기독교 박해는 산발적이지만 빈번하게 발생했다. 그렇다고 로마제국 전체가 기독교 박해에 대해 광분했던 것은 아니다. 네로의 뒤를 이은 갈바 황제(Servius Sulpicius Galba Caesar Augustus , 재위 주후 68~69년) 및 네 명의 황제들은 제명을 다 채우지 못한 채 계속해서 암살당하고 말았다. 이 상황을 평정한 사람은 동방 유대 속주 평정을 위해 전투 중이던 베스파시아누스 장군이었다. 로마의 황제 친위대에서 제비뽑기로 선출된 황제들이 이미 여럿 지나간 상황에서 베스파시아누스(Titus Flavius Caesar Vespasianus Augustus, 재위 주후 69~79년)는 제국 동방의 군단병들에 의해 황제(imperator)로 선출 되었다. 원로원은 곧 그의 황제 선출을 승인했다. 그렇게 시작된 것이 베스파시아누스 황제 일가 세 명의 통치다. 베스파시아누스 황제의 아들 티투스(Titus Flavius Caesar Vespasianus Augustus, 재위 주후 79~81년)는 아버지의 전쟁을 이어받아 예루살렘을 완전히 정복하고 많은 유대인 포로와 더불어 로마로 귀환한 뒤, 아버지를 이어 황제가 되었다(주후 70년). 그러나 그는 곧 전염병으로 죽고 말았다. 이어서 그의 동생인 도미티아누스(Titus Flavius Caesar Domitianus Augustus재위 주후 81~96년)가 로마의 황제가 되었다. 도미티아누스는 기본적으로 선대 황제들의 노선을 이어가는 안정적인 정책을 추진했으나 자신을 비롯한 황제 숭배를 제국 내에 확대 시키는데도 열심이었다. 결국 그의 종교정책은 많은 기독교인들을 배교와 순교로 몰고 갔다. 이때 박해를 받았던 대표적인 사람이 바로 사도 요한이었다. 그는 이 시절 밧모섬에 유배당했다가 도미티아누스가 죽은 후 풀려났다.

*티투스와 콜로세움 건출 베스파시아누스가 황제가 되고 로마로 간 후 유다전쟁의 마무리는 그 아들 티투스에게 맡겨졌다. 티투스는 주후 70년 예루살렘 동편 감람산에서 유명한 9군단과 더불어 예루살렘 멸망을 지휘했다. 그리고 예루살렘에서 약 4만 명의 포로를 노예로 끌고 갔다. 유대인 노예들은 로마로 잡혀간 뒤 개선식에 동원되었으며 이후 베스파시아누스가 네로 황제를 만든 노천 목욕탕 자리에 세우는 콜로세움 건설에 강제 노역으로 동원되었다. 지금 로마에 남아 있는 콜로세움에는 유대인들의 피와 땀이 서려있는 셈이다.

도미티아누스 황제를 끝으로 베스파시아누스 가문의 통치가 끝나고 로마는 소위 다섯 명의 현명한 황제의 시대로 들어서게 된다. 먼저 트라야누스 황제(Marcus Ulpius Nerva Traianus, 재위 주후 98~117)는 기독교에 대한 로마 제국의 처리 방식을 최초로 정리한 황제였다. 처음 그는 기독교인으로 고발된 이들에 대해 잔인한 처형 방식을 사용했는데, 황제의 이런 처리 방식을 전해 들은 각 속주의 관리들은 기독교인들을 처리하는데 고민이 많았다고 한다. 특히 소아시아 비두니아 지역 총독이었던 플리니(Pliny the younger)는 황제의 의지가 그렇다 해도 제국내 국민들을 처리하는 것에는 나름대로 로마다운 원칙이 있어야 한다고 생각했다. 왜냐하면 그가 조사한 바에 의하면 기독교인들에게서 특별히 로마에 위해가 될 만한 문제를 발견할 수 없었기 때문이었다. 그들은 오히려 윤리적이었고 로마 제국에 유익한 경우도 많았다. 그래서 플리니는 황제에게 기독교인들을 처리하는 문제에 대해 원칙을 달라고 편지를 보냈는데, 이때 트라야누스 황제는 "기독교인으로 밝혀졌을 경우에는 반드시 처형하되, 기독교인으로 기소되는 경우를 분명하게 밝혀서 잘못된 처형이 발생하지 않도록 하라"는 칙령을 내리기도 했다. 어쨌든 제국 내 여러 곳에서는 황제의 의지에 따라 기독교인들에 대한 박해가 비일비재했다. 이 때 순교한 사람들 가운데에는 안디옥의 이그나티우스가 대표적이었다.

트라야누스를 이은 하드리아누스(Publius Aelius Traianus Hadrianus, 재위 117~138년)는 로마의 전통적인 혼합적 다신교(Syncretism) 유지를 중요하게 여겼고 황제신 숭배 역시 중요한 것으로 여긴 사람이었다. 그는 특히나 유대인이나 기독교인들에 대해 싫어하는 기색을 많이 내비쳤는데, 덕분에 주후 70년 이후 방치되어 있던 예루살렘은 그의 일가 이름을 딴 아일리아 카피톨리나라는 도시로 다시 태어났고 유대 속주는 영구적으로 시리아 팔레스티나 속주로 확정되었다. 또한 유대인의 할례를 금지하는 동시에 유대인은 새로운 아일리아 카피톨리나에 거주할 수 없다는 칙령을 내렸다. 그는 기독교인들에 대해서도 냉정하게 굴었는데 선대 트라야누스 황제의 칙령을 따라 기독교인으로 밝혀진 경우 반드시 처형해야 한다는 규정을 확정했다. 그러나 그의 치세 내내 기독교는 계속해서 확장되었으며 기독교인의 박해는 황제의 의지라기보다는 각 속주의 정치적인 상황이나 총독들의 의지에 따라 달라지는 경향을 보였다.

하드리아누스를 이은 피우스(Titus Aurelius Fulvius Boionius Arrius Antoninus Pius, 재위 주후 131~161년)와 아우렐리우스 황제(Marcus Aurelius Antoninus, 재위 주후 162~180년) 그리고 오현제를 이은 세베루스(Lucius Septimius Severus, 재위 주후 193~211년) 때에는 기독교인들에 대한 박해가 형평성을 잃어가는 모양을 띠기 시작했다. 황제는 일신교를 주장하는 기독교에 대해 여전히 거리를 두고 있었으며 트라야누스 황제의 법령을 기준으로 기독교인 문제를 다뤘다. 그러나 기독교인들에 대한 박해는 더욱 심해져 가고 있었다. 기독교인으로 기소되는 경우 반드

철인 아우렐리우스
아우렐리우스 황제는 철학자로 유명하다. 그러나 한편으로 그는 은밀한 밀교를 추종했으며 기독교에 대해서는 조롱을 서슴치 않았다.

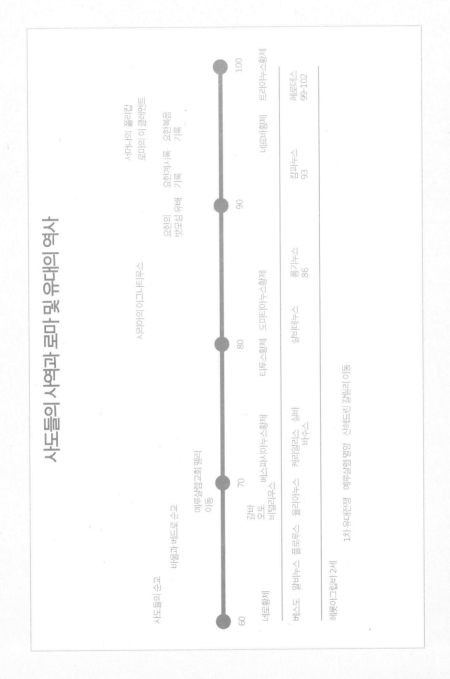

사도들의 순교 및 속사도 시대의 역사

	60		70		80		90		100

바울과 베드로 순교

예루살렘교회 펠라 이동

사도들의 순교

로마의 이 클레멘트
사가랴의 폴리캅

요한의 밧모섬 유배   요한계시록 기록   요한복음 기록

시리아의 이그나티우스

네로황제   베스파시아누스황제   티투스황제   도미티아누스황제   네르바황제   트라이아누스황제

베스도   율리아누스   플라비우스 실바   홍가누스   갈바누스   헤로데스
                                                                   86   93   99-102

얍바누스
돌로루스

갈바
오토
비텔리우스

예루살렘 멸망
1차 유대전쟁   예루살렘 함락   산헤드린 갈릴리 이동

헤롯아그립바 2세

시 처형해야 한다는 것과 아울러 재해나 전염병 등의 사회적인 문제가 발생했을 때 그것을 기독교인들의 탓으로 돌리는 경향도 강해졌다. 결국 기독교인들은 사회적으로 지탄의 대상이 되는 경우가 많았고 개별적인 처형 보다는 원형 경기장과 같은 곳에서 유흥의 일환으로 공개 처형되는 경우가 자주 발생하게 되었다. 이때 순교한 사람들 가운데에는 유명한 변증가 저스틴(Justin)이 있었으며, 이레네우스(Ireneus)도 이때 순교한 기독교 지도자였다. 한 편 북아프리카 카르타고에서는 페르페투아(Perpetua)와 펠리시타스(Felicitas)와 같은 고결한 귀부인들도 순교에 포함되어 있었다. 이들은 원형경기장에서 황소들에 의해 처참하게 죽임을 당하는 중에도 기도하며 서로를 위로하는 등 고결한 모습을 보여 로마인들에게 큰 귀감이 되었다. 어쨌든, 네로에 의해 시작된 기독교 박해는 기독교가 공인된 주후 313년까지 제국 전역에 걸쳐 대대적이지는 않지만 빈번하게 반복되었다.

한편 주후 70년 예루살렘이 티투스 장군에 의해 멸망한 후 교회는 나름대로의 자구책으로 지속되었다. 성전이 완전히 무너지고 일단의 바리새인들을 중심으로 한 유대교 지도자들은 갈릴리 지역으로 산헤드린을 이동하고서 그 곳에서 새로운 방식의 유대교를 시작했다. 이 때 예루살렘교회 구성원들은 요르단 건너편

데가볼리의 펠라(Pella)로 피신했다가 파괴된 예루살렘으로 돌아와 다시 교회를 시작했다. 그러나 대부분의 그리스도인들은 시리아와 소아시아로 흩어졌고 그곳에서 이미 정착하여 부흥하고 있던 교회들에 합류했다. 결국 예루살렘 멸망은 당대 신앙인들의 구심점이었던 예루살렘 교회 구성원들이 당대 로마 세계로 더욱 흩어지게 되는 일종의 긍정적인 효과를 낳았다.

Story with Atlas — 사도들의 여행과 소아시아 일곱교회

성경은 사실 바울과 요한의 활약을 추정할 수 있는 자료들만 이야기하고 있다. 성경은 베드로와 빌립 정도를 제외한 대부분의 사도들이 무엇을 어떻게 했는지에 대해서는 이야기하지 않는다. 그들의 선교 사역을 알 수 있는 것은 대부분 초기 기독교 역사가들과 지도자들의 기록이나 기독교 설화를 통해서이다. 그러다보니 제자들 및 초기 기독교 지도자들의 사역에 관한 명료한 자료를 얻을 수는 없다. 그러나 추정컨대 초대 사도들과 지도자들은 매우 열정적인 사역자들이었고 순교의 위협에도 불구하고 그들이 경험하고 확신한 복음 전하기를 주저하지 않았다. 성경의 복음 전파 이야기들은 아무래도 선교적, 교훈적, 교회 실천적 필요에 의한 핵심으로서 최소한으로 정리된 기록들일 것이다. 하나님의 헌신한 사역자들의 이야기는 성경을 넘어서는 다양한 곳에서 풍성한 결과들을 낳았다. 그들이 어디서 어떻게 사역했으며 하나님의 말씀과 예수 그리스도의 복된 소식이 어떻게 당대사회에 퍼져나갔는지를 살피는 일은 여전히 의미와 가치를 갖는다.

1. 열두 제자의 선교 확산

예수님의 제자들은 대체적으로 선교에 열정적이었다. 그들은 성령의 인도하심에 따라 각자의 선교적 땅 끝으로 나아갔다. 그들은 예루살렘을 기점으로 하여 몇몇은 동쪽으로 몇몇은 서쪽으로 흩어져 나아갔다. 제자들이 확산은 스데반의 순교와 예루살렘 교회가 핍박으로 흩어지게 된 사건이 계기가 되었다. 이 때 이후 교회의 지도자들과 사역자들은 유대 곳곳과 사마리아로 퍼져 나갔다가 더 큰 비전을 가지고 이방의 땅 즉, 동방의 나라들과 혹은 서방의 여러 지역으로 복음을 전하는 원거리 사역을 시작했다. 다시 한 번 정리하자면, 우선 요한은 주로 소아시아 지역 특히 ① 에베소를 중심으로 하는 선교사역을 이어갔다. 베드로와 요한을 제외한 열 두 제자에 대해서 잘 알려지지 않았으나 초대교회 기록에 남겨져 있는 사역을 지역별로 살펴보면 다음과 같다. 시므온과 유다 등은 주로 ② 시리아 지역에서 선교 사역을 했다. 안드레와 바돌로매, 빌립, 유다와 다대오, 시므온 그리고 맛디아 등은 시리아를 넘어서 소아시아 북동쪽, 스키타이, ③ 아르메니아와 멀리는 카스피해로 선교 노선을 이어갔다. 여기서 안드레는 다시 마게도냐 북쪽 드라기아와 남부 아가야 고린도보다 더 서쪽으로 들어간 내지에서 선교를 이어갔다. 마태와 도마는 유다 지역을 넘어서 파르티아와 ④ 페르시아 등 동쪽으로 선교 지역을 넓혀 갔다. 특히 바돌로매와 도마 등은 인도 서북부 지역까지 복음 사역을 확장했던 것으로 보인다. 예루살렘을 기점으로 북동쪽으로 갔던 제자들의 선교 가운데 일부는 말기로 접어들면서 주로 소아시아 지역에 집중되는 경향이 나타났는데, 요한과 안드레, 바돌로매와 빌립 등이 그랬다. 제자들 가운데 동쪽으로 간 경우는 우선 베드로를 들 수 있다.그는 안디옥을 거쳐 고린도 그리고 ⑤ 로마로 가서 선교 활동을 이어갔다. 열 두 제자는 아니지만 바울의 경우는 1차로 로마에서 풀려난 후 스페인으로 가서 복음을 전한 것으로 알려져 있다. 마태의 경우에는 페르시아에서 선교하다가 후일 ⑥ 에디오피아로 가서 그 곳에서 선교했다는 증언이 있다. 이외에도 시므온 같은 경우는 초기 이집트에서 선교활동을 했던 것으로 알려져 있다. 역사적인 증거가 모호한 경우이긴 하지만 요한의 형제요 세베대의 아들인 야고보는 그가 예루살렘에서 순교하기 전에 한 차례 스페인에 다녀간 적이 있다고 증거 하기도

한다.

2. 열두 제자를 제외한 초대교회 사도들의 선교적 확산

열 두 제자들 외에도 복음 전파는 여러 초대교회 지도자들에게
의해 이루어졌다. 우선 바울과 1차 전도여행을 함께 했던 바나바
는 바울과 헤어진 뒤 조카인 마가와 더불어 그의 고향인 ⑦ 구브
로(Cyprus)섬을 선교했다(행 15:37~38). 이후 바나바는 계속해
서 시리아의 안디옥에 남아 있었고 그 곳 여러 곳에서 복음을 전
하다 순교한 것으로 알려져 있다. 실라(실루아노)의 경우에는 바
울과 함께 마게도냐와 아가야에서 선교한 후 고린도에서 계속 잔
류했던 것으로 보이며, 후일 로마에서 네로의 박해가 있을 때 베
드로 및 바울과 더불어 로마에 있었던 것으로 추정된다(벧전
5:12). 이후 기독교 역사는 그가 데살로니가의 목회자로 사역하
다가 그 곳에서 순교한 것으로 이야기한다. 디모데는 바울의 2차
여행을 동행하고 아가야 지역에 계속 머물다가 바울이 3차 전도
여행을 마치고 예루살렘으로 가는 길을 동행했다(행 20:2). 바울
이 가이사랴에서 2년간 구금당하고 있을 때 에베소로 가서 그 곳
교회의 지도자로 사역한 것으로 보인다. 훗날 바울이 두 번째로
로마에 투옥되고 디모데후서를 기록하여 편지를 에베소에 보냈
을 때 디모데는 여전히 그곳에서 사역하고 있었다. 이후 디모데

는 도미티아누스 황제 박해 때 그 곳에서 순교한 것으로 보인다. 아굴라와 브리스길라는 처음 클라우디우스 황제 때의 소동으로 로마로부터 나와 고린도에 있다가 바울을 만나고 이후 줄곧 바울의 사역을 돕는 사람들로 남았다. 그들은 클라우디우스가 죽은 후 다시 로마로 돌아가 그 곳에서 교회를 지도하는 역할을 감당했고, 네로 박해 때는 바울의 명령으로 소아시아로 가서 그 곳에서 지도자로 활동했다. 부부는 이후 소아시아에서 순교한 것으로 알려져 있다. 제자들 외 사도들의 활동에서 빼놓을 수 없는 인물들이 마가와 누가인데, 우선 마가의 경우에는 바울의 1차 전도여행 이후 삼촌인 바나바와 더불어 구브로를 선교한 뒤 계속해서 시리아와 안디옥 지역에 있었던 것으로 보인다. 이후 어느 시점에서 베드로와 더불어 선교여행을 계속했고 로마에까지 이르렀으며 그 여정에서 베드로의 증언과 설교를 모아 마가복음을 기록한 것으로 알려져 있다. 후에 그는 마지막 로마투옥 기간 중에 있던 바울을 도왔다(딤후 4:11). 네로의 대 박해 이후 중요한 스승인 베드로와 바울을 모두 잃은 마가는 이전의 유약함을 버리고 스스로 ⑧ 알렉산드리아로 가서 그 곳 교회의 수장이 되었고 그 곳에서 순교했다. 이외에도 누가는 바울의 마지막 순간을 함께한 뒤 소아시아의 비두니아 본도(Bithynia Pontus)로 가서 그곳에서 고령까지 살다가 순교했다. 아리마대 요셉의 경우에는 예수님

사도 마가
마가는 젊어서 바울과 충돌하기도 했으나 훗날 기독교의 매우 중요한 사도가 되었다. 특히 그가 바울과 베드로에게서 들은 예수님의 이야기는 우리가 아는 마가복음이 되었으며 마가복음의 집필은 마태복음과 다른 복음서 저술에 큰 영향을 끼쳤다.

초대교회 제자 및 사도들의 선교활동

요한계시록 일곱교회

1. 본문의 지명 중 번호가 매겨진 부분을 찾아 지도와 확인한 후 아래의 빈 칸을 채워봅시다.

❶	❷	❸
❹	❺	❻
❼	❽	❾
❿	⓫	⓬
⓭	⓮	

2. 본문을 보고 제자들과 사도들이 사역한 주요 지명을 지도의 해당란에 넣어봅시다.

의 시체를 훔쳐간 오명을 쓰고 약 40년 간 감옥에 갇혀 있다 풀려난 뒤 현재의 영국으로 가 그곳에서 교회를 시작한 것으로 되어 있다. 이렇듯 제자들 외에도 다양한 초대교회 사람들이 사역에 뛰어들었고 교회의 확장과 부흥을 위해 박해와 순교를 마다하지 않고 헌신했다.

3. 1세기 이후 기독교의 큰 확장-소아시아의 교회들

주후 70여년을 기점으로 발생한 바울과 베드로를 비롯한 초대교회 지도자들의 순교와 죽음 등은 남아 있는 교회들이 새로운 지도자들과 더불어 부흥을 위한 새로운 모색을 하도록 길을 열었다. 가장 중요한 문제는 아직 오시지 않는 예수 그리스도에 대한 문제였으며, 그렇게 해서 교회가 세상 가운데 존속하는 기간이 늘어감에 따른 세상과의 관계 문제였다. 다시 오신다는 예수님은 아직 오시지 않고 로마를 비롯한 세상의 박해와 그리스도인의 고난, 배교 등의 문제는 점점 비등해져 가는 현실을 고려하여, 교회를 더욱 굳건하게 할 필요가 발생한 것이다. 요한계시록 2장과 3장에 등장하는 에베소를 비롯한 소아시아의 일곱 개 교회는 이런 측면에서 1세기 이후 교회들이 어떤 문제들 가운데 있었으며 어떻게 세상 가운데서 존속하고 또 부흥했는지를 가르치는 중요한 교훈들을 담고 있다. 먼저 ① 에베소(Ephesus) 교회는 교회로서 온전한 모습을 유지하고 지키기 위해 수고하고 있었으나 그리스도 예수에 대한 첫 사랑을 상실해 있었다(계 2:1~7). 두 번째 ⑨ 서머나(Smyrna) 교회는 환난과 핍박 중에도 영적으로 건강한 교회로 존속하고 있었다(2:8~11). 세 번째 ⑩ 버가모(Pergamum) 교회는 성도들이 순교를 당하는 등의 고난이 있었으나 그 고난을 잘 이겨내고 믿음을 지킨 교회였다. 그러나 당대의 발람과 니골라 당의 문제가 발생했을 때 그들을 좇아 우상을 숭배하고 음행을 저지른 문제가 있었다(계 2:12~17). 네 번째 ⑪ 두아디라(Thyatira) 교회는 주를 위한 사업을 잘 펼쳐 나갔으며 사랑과 봉사 그리고 인내가 점점 더 나아지는 모습에 칭찬을 받았다. 그러나 거짓선지자들의 활동을 용납하고 역시 우상숭배와 음행의 문제가 있었다(계 2:18~29). 다섯 번째 ⑫ 사데(Sardis)교회는 아주 적은 숫자의 정결한 성도들이 있었고 대부분은 무기력하고 형식적인 신앙에 빠져 있었다(계 3:1~6). 여섯 번째 ⑬ 빌라델비아(Philadelphia) 교회는 적은 능력 가운데 있었으나 말씀 가운데 거하면서 늘 충성하는 모습이었다(계 3:14~22). 마지막으로 ⑭ 라오디게아(Laodicea) 교회는 그 위치한 지리적인 특성과 마찬가지로 차지도 덥지도 않은 미적지근한 신앙을 갖고서 교만하기만 한 성도들로 가득한 교회였다(계 3:14~22). 요한은 일곱 교회의 이런 모습들을 하나하나 지적하면서, 말세의 때에 각 교회들이 큰 혼란 가운데서도 정결하여 바른 신앙을 지키는 것이 무엇보다 중요하다는 것을 강조하고 있다(계 3:20~22).

 ## 교회, 부름 받은 하나님의 백성들로 자라가다

하나님의 백성들은 처음 창조 때 "생육하고 번성하여 땅에 충만하라 그리고 땅을 다스리라"는 축복과 명령을 받았다. 그 명령은 노아를 거쳐 아브라함과 그 자손 이스라엘로 이어졌다. 그러나 하나님의 부름 받은 하나님의 백성 이스라엘은 그 축복을 누리고 사명을 완수하는 일을 온전히 순종하지 못하고 자기 민족 중심의 종교와 신앙으로 전락하고 말았다. 결국 하나님의 백성들은 흩어졌고 세상 가운데서 포로로 그리고 나그네로 살아가고 있다. 이제 하나님께서는 아들 예수 그리스도를 보내셔서 이스라엘을 포함한 세상 모든 민족과 열방과 백성과 방언 가운데서 사람들을 새롭게 불러 모으시고 그들을 제자들로 그리고 교회로 세우셨다. 이제 창세기 1장 27~28절의 하나님의 축복과 명령 수행은 계속될 수 있었다. 예수님께서는 제자들에게 성령을 약속하시고 그 성령을 받은 제자들과 교회가 땅 끝까지 나아가 예수 그리스도의 복음의 증인이 되어야 할 것은 선언하셨다. 예수님의 부름

받은 제자들은 실제로 "흥왕"했다(행 12:24). 그들은 성경의 오랜 축복과 명령에 충실하여 땅 끝에 이르기까지 복음으로 생육하고 번성하여 땅에 충만하고 그 땅을 복음의 능력으로 다스리는 사람들이 되었다. 그들은 그 아름다운 덕을 선전하는 왕 같은 제사장들이 되었다(벧전 2:9). 초대교회 이후 하나님의 백성들은 갖은 고난과 어려움 가운데에도 예수 그리스도를 통해 드러난 그 나라의 도리를 세상에 전하고, 세상이 하나님의 뜻으로 회복되기를 위해 헌신해 왔다. 그 막중한 사명은 예수께서 다시 오시는 그 날까지 꾸준히, 신실하게, 그리고 굽힘없이 계속될 것이다. 세상 역사의 마지막 날, 모든 나라와 족속과 백성과 방언에서 능히 셀 수 없는 수많은 무리들이 나와 하나님을 경배하고 예수 그리스도의 보혈의 피를 찬양하는 그 날까지(계 7:9) 복음을 전하는 행진은 멈추지 않을 것이다.

Q 이 과를 통해 새롭게 알게 된 것은 무엇입니까? 기록해 봅시다.

Q 이 과를 통해 배우고 깨달은 바를 적어보고 가족이나 친구, 동료들과 나누어봅시다.

BIBLE TRAVEL

09

「성경여행」과 함께 읽으면 좋은 책들

성경여행을 읽고 공부하는 과정에서
도움이 될 만한 책들을 정리해 본 것이다.

『성경여행』과 함께 읽으면 좋은 책들

　'성경여행'은 기본적으로 성경과 역사, 그리고 지리를 기반으로 하나님의 백성이 어떻게 성경 시대별로 살아왔는지에 대해 다루는 일종의 파노라마와 같은 책이다. 이 책을 읽고 공부하는 사람은 성경의 일목요연한 안목을 얻는 것에 관하여 매우 유용한 도구를 가질 수 있다. 아래는 이 책을 읽고 공부하는 과정에서 도움이 될 만한 책들을 정리해 본 것이다. 다른 역사와 지리와 관련된 인문서들은 넣지 않았다. 기독교와 관련된 역사적인 나라들과 그들의 지리, 문화적 이야기들은 시중에서 얼마든지 자의로 구할 수 있다.

성경지도 김진산 지음, 서을: 도서출판 사랑마루, 2015.
　이 책은 국내 출간된 성경지도책 가운데 가장 성서적인 책이다. 이 책을 옆에 두고 '성경여행'을 읽고 공부할 것을 권한다.

하나님의 백성 성경의 땅에 서다
김진산 지음, 서을: 도서출판 사랑마루, 2016.
　이 책은 성경 특히 구약을 하나님의 백성의 입장에서 지리와 역사적으로 다룬 책이다. '성경여행'을 공부하고 나서 이 책을 일독할 것을 권한다. 구약의 세계에 대한 폭넓고 깊이 있는 안목을 얻을 수 있다.

하나님 백성의 선교 크리스토퍼 라이트 지음, 한화룡 역, 서울: IVP, 2012.

이 책은 '성경여행'이 갖는 기본적인 관점 즉, 성서 안의 하나님의 백성이라는 관점을 학문적이고 체계적으로 주도면밀하게 다루고 있다. 하나님께서 어떻게 당신의 백성들을 부르시고 세우시며 또 역사 속 선교의 현장으로 보내고 계신지에 대해 다루고 있다.

포스트모던 시대의 기독교 세계관

브라이언 왈시, 리차드 미들턴 지음, 김기현, 신광은 역, 서울: 살림, 2007.

성경을 하나님의 백성들이라는 관점에서 보는 또 다른 시각의 책이다. 이 책은 그리스도인의 삶이 모던세상에서 포스트모던의 세상으로 나아간다고 말한다. 이 책을 읽으면 하나님의 백성들이 역사 속에서 어떻게 소명을 안고 살아왔는지, 또 앞으로는 어떻게 살아가야 하는지에 대해 배울 수 있다.

신약성서와 하나님의 백성

톰 라이트 지음, 박문재 역, 서울: 크리스천다이제스트, 2003.

두 말할 필요 없는 하나님의 백성에 대한 진지한 연구서이다. 이 책은 성서학과 신학과 역사학이라는 각각의 맥락 안에서 어떻게 성경을 읽어야 하는지 차분히 설명해 준다. 특별히 하나님의 백성이라는 관점에서 성경을 접하고 교훈을 얻고자 하는 학생에게 큰 도움이 될 수 있다.

초대교회 역사 F.F. 부르스, 서영일 역, 서울: CLC, 1985.

이 책 역시 하나님의 부름 받은 사람들 특히 신약의 제자들과 사도들이 어떻게 복음을 들고 세계와 역사 가운데로 들어서게 되었는지에 대해 진지하게 다룬 책이다. 이 책을 정독한다면 하나님의 백성으로서 우리 각자의 역사적 현장으로 나아갈 매우 통찰력있는 지혜를 얻을 수 있을 것이다.